Schriften des Betriebs-Beraters
Band 12

Krankheit im Arbeitsrecht

Begründet von Dr. Philipp Hessel,
Ministerialdirektor a. D.

neubearbeitet von
Rechtsanwalt Rolf Marienhagen
Zirndorf-Weiherhof

4., neubearbeitete und erweiterte Auflage 1980

Verlagsgesellschaft
Recht und Wirtschaft mbH · Heidelberg

1. Auflage 1957
2. Auflage 1957
3. Auflage 1961
4. Auflage 1980

CIP-Kurztitelaufnahme der Deutschen Bibliothek
Marienhagen, Rolf:
Krankheit im Arbeitsrecht / neubearb. von Rolf Marienhagen. Begr. von Philipp Hessel. – 4., neubearb. u. erw. Aufl. – Heidelberg : Verlagsgesellschaft Recht u. Wirtschaft, 1980.
(Schriften des Betriebs-Beraters ; Bd. 12)
Bis 3. Aufl. u.d.T.: Hessel, Philipp: Krankheit im Arbeitsrecht.
ISBN 3-8005-6399-1
NE: Hessel, Philipp [Begr.]

ISBN 3-8005-6399-1

© 1980 Verlagsgesellschaft Recht und Wirtschaft mbH, Heidelberg

Alle Rechte, insbesondere das Recht der Vervielfältigung und Verbreitung sowie der Übersetzung, vorbehalten. Kein Teil des Werkes darf in irgendeiner Form (Druck, Fotokopie, Mikrofilm oder ein anderes Verfahren) ohne schriftliche Genehmigung des Verlages reproduziert oder unter Verwendung elektronischer Systeme verarbeitet, gespeichert, vervielfältigt oder verbreitet werden.

Gesamtherstellung: Buch- und Offsetdruckerei Decker & Wilhelm,
  6056 Heusenstamm

Printed in Germany

Vorwort zur vierten Auflage

Hessels Monographie ist letztmalig in dritter Auflage vor über 18 Jahren erschienen. Seither haben zahlreiche Maßnahmen des Gesetzgebers die soziale Sicherheit des Arbeitnehmers innerhalb und außerhalb des Arbeitsverhältnisses entscheidend verbessert. Auf dem Teilgebiet der wirtschaftlichen Sicherung im Krankheitsfalle wurden durch das Lohnfortzahlungsgesetz vom 27. Juli 1969 die bis dahin zwischen Angestellten und Arbeitern bestehenden Unterschiede weitgehend beseitigt. Darüber hinaus hat die Rechtsprechung vor allem des Bundesarbeitsgerichtes in den nicht kodifizierten Bereichen, so etwa hinsichtlich des Einflusses von Krankheit auf Urlaub und Kündigung, manche Probleme geklärt.

Die hiermit vorgelegte Neubearbeitung der Hesselschen Schrift will die praktische Rechtsanwendung im betrieblichen Alltag erleichtern helfen. Sie verzichtet daher auf Vollständigkeit bei der Bestandsaufnahme der seit 1961 veröffentlichten Rechtsprechung und Literatur und beschränkt sich auf die Darstellung der für die Praxis bedeutsamen Aspekte jener Rechtsentwicklung. Dabei waren vor allem die Ergebnisse der Rechtsprechung als die für die Rechtsanwendung im Betrieb und vor Gericht allein maßgebliche Richtschnur heranzuziehen. Wo insoweit gesicherte Erkenntnisse noch fehlen oder eine Auseinandersetzung mit Streitfragen erforderlich war, ist versucht worden, auf der Grundlage des Bürgerlichen Rechts eine der Interessenlage beider Arbeitsvertragsparteien dienende Lösung zu finden.

Zirndorf-Weiherhof, im Mai 1980   *Rolf Marienhagen*

Inhaltsverzeichnis

Abkürzungs- und Literaturverzeichnis 9
Einleitung 15

A. Entgeltfortzahlung im Krankheitsfalle 17
  I. Gesetzliche Grundlagen 17
    1. Lohnfortzahlungsgesetz 17
    2. Sonstige Bestimmungen 18
  II. Anspruchsberechtigter Personenkreis 19
    1. Arbeiter und Angestellte – Abgrenzung 19
    2. Angestellte 21
    3. Seeleute 21
    4. Auszubildende 22
  III. Krankheitsbedingte Arbeitsverhinderung 22
    1. Begriff der Krankheit 22
    2. Verhinderung an der Arbeitsleistung 23
    3. Kausalzusammenhang 25
    4. Indirekte Arbeitsverhinderung durch Krankheit 28
  IV. Unverschuldete Arbeitsverhinderung 29
    1. Begriff des Verschuldens 29
    2. Das Verschulden im Einzelfall 32
    3. Entgeltfortzahlung ohne Verschuldensprüfung 40
    4. Darlegungs- und Beweislast 40
    5. Rechtslage bei Drittverschulden 44
  V. Beginn und Dauer der Entgeltfortzahlung 50
    1. Beginn der Entgeltfortzahlung 50
    2. Dauer der Entgeltfortzahlung 53
  VI. Entgeltfortzahlung bei mehrfacher Erkrankung 57
    1. Problematik und Begriffsabgrenzung 57
    2. Mehrfache selbständige Erkrankungen 58
    3. Fortsetzungskrankheiten 59
    4. Beweislastfragen 64
  VII. Entgeltfortzahlung bei Kuren 65
    1. Grundsatz 65
    2. Allgemeine Voraussetzungen des Entgelt-
       fortzahlungsanspruches 65
    3. Schonungszeiten 67
  VIII. Umfang der Entgeltfortzahlung 67
    1. Lohnausfallprinzip 67
    2. Das fortzuzahlende Arbeitsentgelt 68

	3. Berechnung des Krankenlohnes	73
	4. Vorrang des Tarifvertrages	81
IX.	Anzeige- und Nachweispflichten	82
	1. Anzeige der Arbeitsverhinderung	82
	2. Die Nachweispflicht	83
	3. Rechtsfolgen bei Verletzung der Anzeige- und Nachweispflicht	88
X.	Wegfall des Entgeltfortzahlungsanspruches	91
	1. Unzulässigkeit der Rechtsausübung	91
	2. Verwirkung	94
	3. Verzicht	95

B. Krankheit und Urlaub ... 98
  I. Begriffsbestimmung und Problematik ... 98
  II. Krankheit und Urlaubsanspruch ... 99
    1. Bedeutung für die Entstehung des Anspruchs ... 99
    2. Erkrankungen während des Urlaubs ... 99
    3. Urlaub bei Kuren und Heilverfahren ... 102
  III. Berechnung des Urlaubsentgeltes ... 103
  IV. Wegfall des Urlaubsanspruchs bei Krankheit ... 104

C. Krankheit und Kündigung ... 106
  I. Krankheit als Kündigungsgrund ... 106
    1. Rechtslage ... 106
    2. Soziale Rechtfertigung einer fristgemäßen Kündigung ... 106
    3. Fristlose Kündigung wegen Krankheit ... 109
    4. Darlegungs- und Beweislast ... 109
  II. Pflichtverletzungen bei Krankheit ... 111
    1. Verletzung der Anzeige- und Nachweispflicht ... 111
    2. Verhalten während der Arbeitsunfähigkeit ... 111
    3. Beweislastfragen ... 112
  III. Entgeltfortzahlung ... 113
    1. Grundsatz ... 113
    2. Kündigung aus Anlaß der Krankheit ... 113
    3. Einvernehmliche Beendigung des Arbeitsverhältnisses ... 115

Sachwortverzeichnis ... 116

Abkürzungs- und Literaturverzeichnis

a. A.	anderer Ansicht
a.a.O.	am angegebenen Ort
ABG	Allgemeines Berggesetz für die Preußischen Staaten vom 24. 6. 1865
Abs.	Absatz
AFG	Arbeitsförderungsgesetz
ALR	Allgemeines Landrecht für die Preußischen Staaten von 1794
Anm.	Anmerkung
AP	Nachschlagewerk des Bundesarbeitsgerichtes – Arbeitsrechtliche Praxis –
ArbuR	Arbeit und Recht (Zeitschrift)
AR-Blattei	Arbeitsrechtsblattei, Loseblatthandbuch, Forkel-Verlag, Stuttgart
ArbG	Arbeitsgericht
ArbKrankhG	Gesetz zur Verbesserung der wirtschaftlichen Sicherung der Arbeiter im Krankheitsfalle in der Fassung vom 12. 7. 1961
ArbN	Arbeitnehmer
ARS	Arbeitsrechtssammlung (bis 1945)
ARST	Arbeitsrecht in Stichworten (Zeitschrift)
Art.	Artikel
AVG	Angestelltenversicherungsgesetz
AZO	Arbeitszeitordnung
Bd.	Band
BAG	Bundesarbeitsgericht
BAGE	Amtliche Sammlung der Entscheidungen des Bundesarbeitsgerichtes
BArbBl.	Bundesarbeitsblatt (Zeitschrift)
Baumbach/Duden	Baumbach/Duden, Handelsgesetzbuch mit Nebengesetzen ohne Seerecht, 22. Auflage 1977
BayBergG	Bayerisches Berggesetz vom 13. 10. 1910 in der Fassung vom 13. 10. 1967
BB	Betriebs-Berater (Zeitschrift)
BBG	Bundesbeamtengesetz

BBiG	Berufsbildungsgesetz
BetrVG	Betriebsverfassungsgesetz
BfA	Bundesversicherungsanstalt für Angestellte
Becher	Becher, Lohnfortzahlungsgesetz, 1971
BGB	Bürgerliches Gesetzbuch
BGBl.	Bundesgesetzblatt
BGH	Bundesgerichtshof
BGHZ	Amtliche Sammlung der Entscheidungen des Bundesgerichtshofes in Zivilsachen
BKK	Die Betriebskrankenkasse (Zeitschrift)
Bleistein	Bleistein, Arbeitnehmer und Krankheit, 1974
BlStSozArbR	Blätter für Steuerrecht, Sozialversicherung und Arbeitsrecht (Zeitschrift)
BMV-Ä	Bundesmantelvertrag – Ärzte, abgeschlossen zwischen den Bundesverbänden der Krankenkassen und der Kassenärztlichen Bundesvereinigung
Bobrowski/Gaul	Bobrowski/Gaul, Das Arbeitsrecht im Betrieb. Von der Einstellung bis zur Entlassung. 2 Bände, 7. Auflage 1979
Boldt/Röhsler	Boldt/Röhsler, Kommentar zum Mindesturlaubsgesetz für Arbeitnehmer, 2. Auflage 1969
Brackmann	Handbuch der Sozialversicherung, 3 Bände in Loseblattform, herausgegeben von Brackmann
Brecht	Brecht, Lohnfortzahlung für Arbeiter. Gesetz über die Fortzahlung des Arbeitsentgelts im Krankheitsfalle, 3. Auflage 1979
Breithaupt	Sammlung von Entscheidungen der Sozialversicherung, Versorgung und Arbeitslosenversicherung, herausgegeben von Breithaupt
BSeuchG	Bundesseuchengesetz
BSG	Bundessozialgericht
BSGE	Amtliche Sammlung der Entscheidungen des Bundessozialgerichts
BTDrucks.	Bundestagsdrucksache
BUrlG	Bundesurlaubsgesetz
DB	Der Betrieb (Zeitschrift)
Dersch/Neumann	Kommentar zum Bundesurlaubsgesetz, 5. Auflage 1977

Doetsch/Schnabel/Pausldorff	Kommentar zum Lohnfortzahlungsgesetz, Heider-Verlag, 4. Auflage
DOK	Die Ortskrankenkasse (Zeitschrift)
E	Amtliche Sammlung der Entscheidungen des Reichsarbeitsgerichts (bis 1945)
EEK	Sabel, Entscheidungssammlung zur Entgeltfortzahlung an Arbeiter und Angestellte bei Krankheit, Kur und anderen Arbeitsverhinderungen in Loseblattform, Asgard-Verlag Bonn-Bad Godesberg
FamRZ	Zeitschrift für Familienrecht
FLG	Gesetz zur Regelung der Lohnzahlung an Feiertagen (Feiertagslohnzahlungsgesetz)
FN	Fußnote
ggf.	gegebenenfalls
GewO	Gewerbeordnung
GrS	Großer Senat (des Bundesarbeitsgerichts)
HGB	Handelsgesetzbuch
Hueck	Hueck, Kündigungsschutzgesetz, 9. Auflage 1974
Hueck/Nipperdey	Lehrbuch des Arbeitsrechts, 7. Auflage Band I 1963, Band II, 1. und 2. Halbband 1966 und 1970
i.d.F.	in der Fassung
i.V.m.	in Verbindung mit
Jäger	Jäger, Krankheit des Arbeitnehmers, 5. Auflage 1975
JW	Juristische Wochenschrift (bis 1945)
JZ	Juristenzeitung
Kaiser	Kaiser, Lohnfortzahlungsgesetz, 1970
Kehrmann/Pelikan	Kehrmann/Pelikan, Kommentar zum Lohnfortzahlungsgesetz, 2. Auflage
KLVG	Gesetz zur Verbesserung von Leistungen aus der gesetzlichen Krankenversicherung – Leistungsverbesserungsgesetz – vom 19. 12. 1973 (BGBl. I S. 1925) i.d.F. vom 7. 8. 1974 (BGBl. I S. 1881)
KSchG	Kündigungsschutzgesetz
LAG	Landesarbeitsgericht
Landmann/Rohmer	Landmann/Rohmer/Eyermann/Fröhler, Kommentar zur Gewerbeordnung, 12. Auflage 1970

LG	Landgericht
LM	Lindenmaier/Möhring, Nachschlagewerk des Bundesgerichtshofes
LohnFG	Gesetz über die Fortzahlung des Arbeitsentgelts im Krankheitsfalle (Lohnfortzahlungsgesetz) vom 27. 7. 1969 (BGBl. I S. 946).
Lotmar	Lotmar, Der Arbeitsvertrag, 2 Bände, 1908
LSG	Landessozialgericht
Marienhagen	Marienhagen, Kommentar zum Lohnfortzahlungsgesetz, 3. Auflage 1970
Maus	Maus, Kommentar zum Lohnfortzahlungsgesetz, 2. Auflage 1970
MDR	Monatsschrift für deutsches Recht (Zeitschrift)
MTV	Manteltarifvertrag
MuSchG	Mutterschutzgesetz
m.w.N.	mit weiterem Nachweis
Neumann/Lepke	Neumann/Lepke, Kündigung bei Krankheit, Schriftenreihe Der Betrieb, 5. Auflage 1979
Nipperdey/Mohnen/ Neumann	Der Dienstvertrag. Sonderdruck aus: J. v. Staudinger's Kommentar zum Bürgerlichen Gesetzbuch, Recht der Schuldverhältnisse, Band II 3. Teil, 11. Auflage)
NJW	Neue Juristische Wochenschrift (Zeitschrift)
Nikisch	Nikisch, Lehrbuch des Arbeitsrechts, 2 Bände, 3. Auflage 1961
OLG	Oberlandesgericht
Palandt/...	Palandt, Bürgerliches Gesetzbuch, bearbeitet von Bassenge, Danckelmann, Diederichsen, Heinrichs, Heldrich, Keidel, Putzo und Thomas, 37. Auflage 1978
Peters	Peters, Handbuch der Krankenversicherung, 17. Auflage
RAG	Reichsarbeitsgericht
Rdnr.	Randnummer
RG	Reichsgericht
RGBl.	Reichsgesetzblatt
RGZ	Amtliche Sammlung der Entscheidungen des Reichsgerichts in Zivilsachen

RVA	Reichsversicherungsamt
RVO	Reichsversicherungsordnung
s.	siehe
S.	Seite
SAE	Sammlung arbeitsrechtlicher Entscheidungen (Zeitschrift)
Schmatz/Fischwasser	Vergütung der Arbeitnehmer bei Krankheit und Mutterschaft. 6. Auflage 1969, Teil I: Lohnfortzahlungsgesetz, Teil II: Gehaltsfortzahlung für Angestellte (Loseblattform)
Schaub	Schaub, Arbeitsrechtshandbuch, 4. Auflage 1979
Schellong	Schellong, Lohnfortzahlungsgesetz, 1970
Schelp/Trieschmann	Das Arbeitsverhältnis im Krankheitsfalle, 1968
Schnorr v. Carolsfeld	Schnorr v. Carolsfeld, Arbeitsrecht, 2. Auflage 1954
SchwbeschG	Schwerbeschädigtengesetz (bis 1974)
SeemG	Seemannsgesetz
Soergel/Siebert	Bürgerliches Gesetzbuch mit Einführungsgesetz und Nebengesetzen, begründet von Soergel, neu herausgegeben von Siebert, 10. Auflage Band 1–8, 1967–1975
Spix/Papenheim	Spix/Papenheim, Lohnfortzahlung im Krankheitsfalle, 9. Auflage 1977
Stahlhacke	Stahlhacke, Kündigung und Kündigungsschutz im Arbeitsverhältnis, 2. Auflage 1972
Staudinger/...	J. v. Staudinger's Kommentar zum Bürgerlichen Gesetzbuch, 10. und 11. Auflage (mit jeweiligem Bearbeiter zitiert)
StVG	Straßenverkehrsgesetz
Töns	Töns, Die wirtschaftliche Sicherung der Arbeitnehmer bei Arbeitsunfähigkeit (Loseblattausgabe)
TV	Tarifvertrag
TVG	Tarifvertragsgesetz
Tz.	Textziffer
UrlaubsG	Urlaubsgesetz
Urt.	Urteil
VersR	Versicherungsrecht (Zeitschrift)

vgl.	vergleiche
VO	Verordnung
VVG	Versicherungsvertragsgesetz (Gesetz über den Versicherungsvertrag vom 30. 5. 1908)
WA	Westdeutsche Arbeitsrechtsprechung (Zeitschrift)
Wussow	Wussow, Unfallhaftpflichtrecht, 11. Auflage 1972
ZfA	Zeitschrift für Arbeitsrecht
ZPO	Zivilprozeßordnung

Einleitung

Die physischen und psychischen Auswirkungen einer Krankheit treffen jeden Menschen ohne Rücksicht auf Person und soziale Stellung. Auf die wirtschaftliche Stellung wirkt sich die Krankheit dagegen unterschiedlich aus. Von einschneidender Bedeutung kann sie für den Arbeitnehmer werden, dessen Existenzgrundlage auf seinem Arbeitsverhältnis beruht, wenn sie ihn an der Erfüllung seiner daraus resultierenden Verpflichtungen hindert. Denn auch für das Arbeitsrecht gelten grundsätzlich die Regeln des Vertragsrechts[1], und diese besagen einerseits, daß keine Gegenleistung verlangt werden kann, wenn die eigene Leistung aus einem nicht zu vertretenden Grund unmöglich wird (§ 323 BGB), andererseits aber die Leistung in Person erbracht werden muß und daher keine Stellvertretung bei Leistungsverhinderung möglich ist (§ 613 BGB).

Nun ist aber die durch den Arbeitsvertrag zwischen Arbeitgeber und Arbeitnehmer begründete Beziehung nach heutiger Auffassung kein rein schuldrechtlicher, auf Leistung (Arbeit) und Gegenleistung (Lohn) gerichteter Austauschvertrag im Sinne des BGB, sondern ein privatrechtliches Rechtsverhältnis mit schuldrechtlichem und personenrechtlichem Charakter[2]. Die allgemeinen Grundsätze des BGB, insbesondere diejenigen über Leistungsstörungen bei synallagmatischen Verträgen, sind also auf das Arbeitsverhältnis nur anwendbar, wenn und soweit dies mit dessen personenrechtlicher Eigenart vereinbar ist[3].

Diese Erkenntnisse sind nur scheinbar neu. Das deutsche Dienstvertragsrecht kannte seit jeher eine Verpflichtung des Dienstherrn zur Fürsorge einschließlich der Fortzahlung des Lohnes für den erkrankten Dienstnehmer[4]. Vor 84 Jahren hatte das BGB von seiner Grundregel in § 325, nach der der Gläubiger vom Vertrage zurücktreten oder Schadensersatz wegen Nichterfüllung verlangen kann, wenn der Schuldner aus einem von ihm zu vertretenden Grund an seiner Leistung gehindert ist, aus sozialen Erwägungen für Dienstverträge eine Ausnahme zugelassen: In § 616 Abs. 1 wurde bestimmt, daß der zur Dienstleistung Verpflichtete (d. h. im Arbeitsverhältnis der Arbeitnehmer) seinen Anspruch auf Vergütung nicht dadurch verliert,

---

1 *BGH*, 11. 7. 1953, BGHZ Bd. 10 S. 187 = NJW 1953 S. 1465.
2 *Hueck/Nipperdey* I, § 21 IV, § 22 II, IV; *Nipperdey/Mohnen/Neumann*, § 611 BGB Vorbem. Rdnr. 9 b.
3 *RAG*, E Bd. 19 S. 281 = ARS Bd. 33 S. 172 [176] und E Bd. 21 S. 241 = ARS Bd. 37 S. 230 [236]; *Bobrowski/Gaul* I, C I Rdnr. 5.
4 Vgl. ALR Teil II Titel 5 und preußische Gesindeordnung vom 8. 11. 1810, §§ 87 f.

daß er für eine verhältnismäßig nicht erhebliche Zeit durch einen in seiner Person liegenden Grund ohne sein Verschulden an der Dienstleistung verhindert ist. Unwesentlich jünger sind die Bestimmungen des § 63 HGB und des § 133c GewO, die den Handlungsgehilfen und den technischen Angestellten einen Gehaltsfortzahlungsanspruch für sechs Wochen im Falle einer Arbeitsverhinderung durch unverschuldetes Unglück einräumten. Allerdings waren alle diese Bestimmungen, den liberalen Anschauungen ihrer Entstehungszeit[5] gemäß, zunächst nicht zwingenden Rechts, sondern durch Einzelvereinbarungen abdingbar. Die Unabdingbarkeit hinsichtlich der Entgeltfortzahlung bei Krankheit in § 616 Abs. 2 BGB, § 63 Abs. 1 Satz 2 und § 133c Abs. 2 GewO wurde durch Notverordnungen des Reichspräsidenten vom 5.6. und 1.12.1930 eingeführt, allerdings nicht aus sozialen Erwägungen zum Schutz der Arbeitnehmer, sondern zur Entlastung der Krankenkassen; und sie galt nur für die Angestellten. Im Lohnempfängerbereich verblieb es bei der Regelung des § 616 Abs. 1 BGB mit der Folge, daß die Entgeltfortzahlungspflicht nach dieser Vorschrift durch die Bestimmung im Arbeitsvertrag abbedungen wurde, es werde nur die tatsächlich geleistete Arbeitszeit bezahlt („ohne Arbeit kein Lohn" – keine Leistung ohne Gegenleistung!), und die Arbeiter im Krankheitsfalle auf die Leistungen der gesetzlichen Kranken- und Unfallversicherung angewiesen blieben.

In einer langen Rechtsentwicklung, die stufenweise über die Anhebung des Krankengeldes und Einführung eines Zuschusses des Arbeitgebers zu den Leistungen der Kranken- und Unfallversicherung bis zur vollen Lohnfortzahlung durch den Arbeitgeber für sechs Wochen führte[6], wurden die genannten Ungleichheiten zwischen Angestellten und Arbeitern beseitigt. Die heutigen gesetzlichen Bestimmungen, auf die nachfolgend im einzelnen eingegangen wird, gewährleisten jedem Arbeitnehmer bei krankheitsbedingter Verhinderung an der Arbeitsleistung einen Anspruch auf Fortzahlung seiner Bezüge für eine bestimmte Dauer. Hierbei handelt es sich trotz der sozialen und humanitären Komponente weder um eine fürsorgerische Leistung[7] noch um einen Erstattungsanspruch, sondern um echtes Arbeitsentgelt, das hinsichtlich Fälligkeit, Verjährung, Pfändungsschutz und Konkursvorrecht den dafür geltenden Bestimmungen unterliegt[8].

---

5 Die Bestimmung des § 63 HGB gilt seit dem 10.5.1897; § 133c GewO wurde 1907/1908 in die Reichsgewerbeordnung eingefügt.
6 Vgl. ausführlich zu dieser Entwicklung z. B. *Schmatz/Fischwasser,* Einführung 1 vor § 1 LohnFG, S. B 301 ff.
7 So fälschlich *OLG Bremen,* 16.9.1954, AP Nr. 3 zu § 616 BGB = NJW 1955 S. 264.
8 *BAG,* 13.5.1958, AP Nr. 3 zu § 1 ArbKrankhG = BB 1958 S. 557, 701; 26.10.1971, AP Nr. 1 zu § 6 LohnFG = BB 1972 S. 315 und 15.11.1973, AP Nr. 53 zu § 4 TVG Ausschlußfristen = BB 1974 S. 229.

A. Entgeltfortzahlung im Krankheitsfalle

I. Gesetzliche Grundlagen

1. Lohnfortzahlungsgesetz

Art. 1 des Gesetzes über die Fortzahlung des Arbeitsentgelts im Krankheitsfalle und über Änderungen des Rechts der gesetzlichen Krankenversicherung vom 27.7.1969 (BGBl. I S. 946), das eigentliche Lohnfortzahlungsgesetz, ist bei den gesetzlichen Grundlagen der Entgeltfortzahlung an erster Stelle zu nennen, weil der Erste Abschnitt dieses ausschließlich für Arbeiter (s. unten II 1;) geltenden Gesetzes (§§ 1–9) die bisher umfassendste Kodifikation der Materie bildet. Es stellt in seinem § 1 den Grundsatz der Entgeltfortzahlung auf: Danach verliert der Arbeiter nicht den Anspruch auf Arbeitsentgelt für die Zeit der Arbeitsunfähigkeit bis zur Dauer von sechs Wochen, wenn er nach Beginn der Beschäftigung durch Arbeitsunfähigkeit infolge Krankheit an seiner Arbeitsleistung verhindert ist, ohne daß ihn ein Verschulden trifft. „Krankheit" als Verhinderungsgrund steht nach § 1 Abs. 2 Arbeitsunfähigkeit infolge Sterilisation oder infolge eines durch einen Arzt vorgenommenen Schwangerschaftsabbruches gleich. § 2 LohnFG über die Höhe des fortzuzahlenden Arbeitsentgelts regelt die Berechnung des sog. „Krankenlohnes"[1] unter Anwendung des modifizierten Lohnausfallprinzips (Näheres s. unten VIII 1), § 3 LohnFG verhält sich über Anzeige- und Nachweispflichten. In den weiteren Vorschriften finden sich ergänzende Bestimmungen, so über den Forderungsübergang bei Drittenhaftung in § 4 LohnFG, Leistungsverweigerungsrechte des Arbeitgebers bei Nichtvorlage von Bescheinigungen über die Arbeitsunfähigkeit und Verhinderung des Überganges eines Schadensersatzanspruches gegen einen Dritten auf den Arbeitgeber (§ 5), Weiterbestehen des Anspruches auf Engeltfortzahlung bei Beendigung des Arbeitsverhältnisses infolge Kündigung aus Anlaß der Arbeitsunfähigkeit (§ 6) und Kuren (§ 7). § 9 schließlich normiert den Grundsatz der Unabdingbarkeit, nachdem durch § 8 die wirtschaftliche Sicherung für den Krankheitsfall im Bereich der Heimarbeit in das Gesetz einbezogen worden ist.

Das Lohnfortzahlungsgesetz ist in seinem hier interessierenden Teil bis auf die Erweiterung seines Anwendungsbereiches auf Folgen der Sterilisation

---

[1] Dieser sprachlich ungenaue, aber eingebürgerte Begriff wird hier synonym für die im Krankheitsfall an den Arbeitnehmer zu zahlenden Bezüge verwendet; er bezeichnet nicht speziell das fortzuzahlende Entgelt des Arbeiters.

und des Schwangerschaftsabbruches[2] sowie eine Klarstellung bei der Berechnung des Krankenlohnes[3] seit seinem Erlaß im Jahre 1969 unverändert geblieben.

2. Sonstige Bestimmungen

a) Nach der allgemeinen Regelung des § 616 Abs. 1 Satz 1 BGB verliert der zur Dienstleistung Verpflichtete den Anspruch auf Vergütung nicht dadurch, daß er für eine verhältnismäßig nicht erhebliche Zeit durch einen in seiner Person liegenden Grund ohne sein Verschulden an der Dienstleistung verhindert wird. Diese Vorschrift, die sich auf alle Fälle der Dienstverhinderung bezieht und auch heute noch grundsätzlich dem dispositiven Recht angehört, ist hinsichtlich des Vergütungsanspruches der Angestellten für den Krankheitsfall sowie für die Fälle der Sterilisation und des Schwangerschaftsabbruches durch einen Arzt für unabdingbar erklärt worden (§ 616 Abs. 2 Satz 1); gleichzeitig wurde die Dauer dieses Anspruchs auf sechs Wochen festgelegt (§ 616 Abs. 2 Satz 2). Der Angestellte behält diesen Anspruch auch dann, wenn der Arbeitgeber das Arbeitsverhältnis aus Anlaß des Krankheitsfalles kündigt oder wenn der Angestellte selbst aus einem vom Arbeitgeber zu vertretenden Grund kündigt, der jenen zur Kündigung aus wichtigem Grund ohne Einhaltung einer Kündigungsfrist berechtigt (§ 616 Abs. 2 Sätze 4 und 5).

b) Für Handlungsgehilfen bzw. kaufmännische und technische Angestellte (§§ 63 Abs. 1 HGB, 133c GewO) gelten entsprechende Regeln; allerdings ist in diesen Bestimmungen nicht ausdrücklich auf den Krankheitsfall, sondern auf ein „unverschuldetes Unglück" als Verhinderungsgrund abgestellt. Der gesetzliche Tatbestand umfaßt also außer Krankheit als häufigste Ursache der Arbeitsverhinderung auch noch andere Verhinderungsfälle. Die Abgrenzung zwischen kaufmännischen und technischen Angestellten (s. unten II 2) ist für den Entgeltfortzahlungsanspruch im Krankheitsfalle ohne Bedeutung, da die Voraussetzungen in allen Fällen die gleichen sind. Die unterschiedlichen Regelungen der Anrechenbarkeit von Leistungen aus der Kranken- und Unfallversicherung, die im Falle der §§ 616 BGB und 133c GewO möglich, nach § 63 Abs. 2 HGB dagegen ausgeschlossen ist, ha-

---

2 Einfügung eines neuen Abs. 2 in § 1 LohnFG durch das Gesetz über ergänzende Maßnahmen zum Fünften Strafrechtsreformgesetz (Strafrechtsreform – Ergänzungsgesetz – StREG) vom 28. 8. 1965 (BGBl. I S. 2289).

3 Einfügung eines Satzes 2 in § 2 Abs. 2 LohnFG, wonach bei Kurzarbeit die verkürzte Arbeitszeit dann nicht als die für die Berechnung des Krankenlohnes maßgebende regelmäßige Arbeitszeit anzusehen ist, wenn § 1 Abs. 2 FLG eingreift, durch das sog. Haushaltsstrukturgesetz vom 18. 12. 1975 (BGBl. I S. 3091, 3104).

ben heute angesichts der Ruhensvorschriften in den §§ 189 und 560 RVO nur noch praktische Bedeutung in den Fällen, in denen einem Angestellten, der einen Teil seines Gehaltes in Form von freier Verpflegung erhält, Krankenhauspflege von der gesetzlichen Krankenversicherung gewährt wird[4].

c) Für Personen, die zu ihrer **Berufsausbildung** beschäftigt sind sowie Kapitäne und Besatzungsmitglieder deutscher Kauffahrteischiffe bestehen Sonderregelungen nach den §§ 3 Abs. 1, 12 BBiG bzw. §§ 48 Abs. 1, 78 Abs. 2 SeemG, neben denen die Anwendbarkeit der allgemeinen Bestimmungen der §§ 616 BGB, 63 HGB und 133 c GewO grundsätzlich ausgeschlossen ist[5]. Die **bergrechtlichen** Entgeltfortzahlungsbestimmungen (vgl. insbesondere § 90a ABG) sind, soweit ersichtlich, bis auf den mit § 133 c GewO inhaltsgleichen Art. 134 BayBergG nicht mehr in Kraft[6].

II. Anspruchsberechtigter Personenkreis

1. Arbeiter und Angestellte – Abgrenzung

Für den Anspruch auf Fortzahlung der Vergütung im Krankheitsfalle hat die früher notwendige **Abgrenzung** der Angestellten von den Arbeitern heute größtenteils ihre Bedeutung verloren, nachdem beide Arbeitnehmergruppen hinsichtlich dieses Anspruches einander weitgehend rechtlich **gleichgestellt** sind. Das Bestehen eines solchen Anspruches hängt also nicht mehr grundsätzlich davon ab, ob ein Arbeitnehmer als Angestellter oder als Arbeiter anzusehen ist. Trotzdem erscheint die Abgrenzung nicht völlig entbehrlich: Das LohnFG mit seiner umfassenden, die Anwendung anderer Bestimmungen ausschließenden Kodifikation enthält eine Reihe von Bestimmungen (Berechnung des Krankenlohnes, Anzeige- und Nachweispflicht bei Arbeitsunfähigkeit, gesetzlicher Forderungsübergang bei Arbeitsunfähigkeit, gesetzlicher Forderungsübergang bei Dritthaftung, Leistungsverweigerungsrecht des Arbeitgebers), die nur für Arbeiter gelten und auf Angestellte nicht entsprechend angewendet werden können.

Da sich die Entgeltfortzahlungsbestimmungen für Angestellte andererseits nur auf die Regelung der Anspruchsvoraussetzungen beschränken, kann es

---

4 Vgl. hierzu ausführlich *Schmatz/Fischwasser* II, IV 1 c, S. L 410. Darüber, daß die Anrechnungspflicht nach § 616 Abs. 1 Satz 2 BGB heute gegenstandslos ist, vgl. *BAG,* 24. 2. 1955, AP Nr. 2 zu § 616 BGB = BB 1955 S. 573.
5 Für das SeemG bestätigt durch *BAG,* 22. 11. 1962, AP Nr. 2 zu § 78 SeemG = BB 1963 S. 269.
6 Näheres bei *Schmatz/Fischwasser* II, I 4, S. L 102 ff.

durchaus von Bedeutung sein zu klären, welche gesetzlichen Bestimmungen im Einzelfall anzuwenden sind. Daher kann auch heute nicht auf die herkömmliche Unterscheidung zwischen Angestellten und Arbeitern verzichtet werden. Hierfür fehlt bekanntlich eine gesetzliche Definition. Die alte Grundregel, daß der Arbeiter überwiegend körperliche, mechanisch-manuelle, der Angestellte vornehmlich gedanklich-geistige Arbeit leiste[7], ist in der heutigen Zeit, in der nicht mehr für den Achtstundentag, sondern für die 35-Stunden-Woche gekämpft wird, und auf die in einem hochtechnisierten Umfeld bestehenden modernen Arbeitsverhältnisse nur noch sehr eingeschränkt anwendbar. Auch die in der Praxis bewährte Regel, wonach diejenigen Arbeitnehmer, die Beiträge zur Rentenversicherung der Arbeiter zu entrichten haben, Arbeiter und diejenigen, die Beiträge zur Rentenversicherung der Angestellten zahlen, Angestellte sind, ist nicht verbindlich[8]. Entscheidend ist letzten Endes die Verkehrsanschauung, bei deren Ermittlung nach folgenden Grundsätzen zu verfahren ist:

Maßgebend ist in erster Linie die gefestigte Meinung der beteiligten Berufskreise, die insbesondere in den Tarifverträgen des betreffenden Wirtschaftszweiges zum Ausdruck kommen kann, allerdings nur dann, wenn die einzelnen Tarifverträge eine widerspruchslose Einheit bilden[9]. Besteht in den in Betracht kommenden Berufszweigen keine feste Auffassung, so muß nach den allgemeinen Anschauungen des Verkehrs in der Regel als Angestellter angesehen werden, wer kaufmännische oder büromäßige Arbeit leistet sowie wer überwiegend eine leitende, beaufsichtigende oder eine vergleichbare Tätigkeit ausübt, bei deren Gesamtbild die geistige Leistung im Vordergrund steht[10]. Hieraus folgt im Umkehrschluß, daß alle übrigen Arbeitnehmer als Arbeiter anzusehen sind[11].

---

7 Vgl. *RAG,* E Bd. 7 S. 108 = ARS Bd. 11 S. 189; ARS Bd. 13 S. 10; E Bd. 16 S. 243 = ARS Bd. 26 S. 252; ARS Bd. 31 S. 265; Bd. 36 S. 139; E Bd. 24 S. 172 = ARS Bd. 41 S. 122; *BAG,* 30. 9. 1954, AP Nr. 1 zu § 59 HGB = BB 1954 S. 967; 21. 1. 1956, AP Nr. 3 zu § 59 HGB = BB 1956 S. 208.

8 *BAG,* 26. 1. 1956, wie FN 7 und 24. 7. 1957, AP Nr. 5 zu § 59 HGB = BB 1957 S. 1143.

9 *BAG,* 24. 7. 1957, wie FN 8 und 29. 11. 1958, AP Nr. 12 zu § 59 HGB = BB 1959 S. 304.

10 So die grundlegende Entscheidung des *BAG,* 24. 7. 1957, AP Nr. 5 zu § 59 HGB = BB 1957 S. 1143. Vgl. auch *BSG,* 25. 11. 1965, AP Nr. 1 zu § 611 BGB Werksfeuerwehr = BB 1966 S. 783.

11 Trotz der vor 25 Jahren erhobenen Forderung *Alfred Nikischs,* ein für allemal mit dem Vorurteil aufzuräumen, daß in der Klassifizierung als Arbeiter eine soziale Minderbewertung liege (Lehrbuch I, 2. Auflage 1955, S. 111), ist immer noch eine bemerkenswerte Zurückhaltung im Gebrauch des Begriffes „Arbeiter" und statt dessen die Benutzung von Definitionssurrogaten wie „gewerbliche Mitarbeiter" und „Lohnempfänger" festzustellen. Wegen weiterer Rechtsprechung zur Arbeitereigenschaft vgl. die Nachweise bei *Schmatz/Fischwasser* I, § 1 LohnFG Anm. II 1 a, S. C 107.

2. Angestellte

Für die Bestimmung des Kreises der unter § 616 Abs. 2 BGB fallenden Angestellten ist nach ausdrücklicher gesetzlicher Vorschrift der Katalog der nach den §§ 2 und 3 AVG i. V. m. dem entsprechenden Berufskatalog[12] versicherungspflichtigen Personen heranzuziehen und bindend[13]. Handlungsgehilfe ist nach § 59 HGB, wer in einem Handelsgewerbe[14] zur Leistung kaufmännischer Dienste[15] angestellt ist. Unter technischen Angestellten im Sinne des § 133c GewO versteht man die bei einem unter die Gewerbeordnung fallenden Unternehmen[16] angestellten, mit der Leitung oder Beaufsichtigung eines Betriebes bzw. einer Betriebsabteilung oder mit höheren technischen Dienstleistungen betrauten Personen[17]. Auf eine genaue Abgrenzung gegenüber den kaufmännischen Angestellten kann wegen der bei der Entgeltfortzahlung im Krankheitsfalle weitgehend identischen Rechtslage verzichtet werden[18].

3. Seeleute

Hierunter verstehe ich hinsichtlich der Entgeltfortzahlung im Krankheitsfalle die unter den Geltungsbereich des SeemG fallenden Personen, nämlich die Kapitäne und Besatzungsmitglieder von Handelsschiffen, die die Bundesflagge führen. Diese Personen haben Anspruch auf Fortzahlung der Heuer

---

12 VO vom 8. 3. 1924 (RGBl. I S. 274, 410) i.d.F. vom 4. 2. 1927 (RGBl. I S. 58) und 15. 7. 1927 (RGBl. I S. 222).
13 *LAG Frankfurt a. M.*, 12. 3. 1952, AR-Blattei D Handelsgewerbe II, Entscheidungen 1.
14 Dieser Begriff folgt aus den §§ 1 bis 6 HGB (Vollkaufmann, Kaufmann kraft Eintragung, Scheinkaufmann oder Handelsgesellschaft); vgl. *BAG*, 12. 12. 1956, AP Nr. 4 zu § 59 HGB = BB 1957 S. 368.
15 Darunter versteht man alle nicht nur mechanischen oder technischen Fähigkeiten, die notwendig und üblich sind, um den Warenumsatz zu steigern bzw. erfolgreich und sachgerecht zu gestalten; vgl. *BAG*, 6. 12. 1972, AP Nr. 23 zu § 59 HGB = BB 1974 S. 90; *LAG Düsseldorf*, 6. 11. 1959, AP Nr. 15 zu § 59 HGB = BB 1960 S. 247. S. ferner *Baumbach/Duden*, § 59 Anm. 3 G; *Schüler-Springorum*, BB 1958 S. 236.
16 Unter „Gewerbe" im Sinne der GewO versteht man jede erlaubte Berufs- oder Erwerbstätigkeit, sofern sie nicht in der Gewinnung von rohen Naturerzeugnissen (Bergbau!) oder in einer Tätigkeit im öffentlichen Dienst oder im überwiegend öffentlichen Interesse oder in einer solchen Berufsart besteht, die sich als wissenschaftliche, höhere schriftstellerische oder höhere künstlerische Tätigkeit darstellt; vgl. *BAG*, 20. 4. 1961, AP Nr. 8 zu § 133f GewO = BB 1961 S. 717; *Landmann/Rohmer*, § 1 Rdnr. 3 ff.
17 Dieses ist der Personenkreis, der von dem inzwischen aufgehobenen § 133a GewO umfaßt wurde: Betriebsbeamte, Werkmeister und ähnliche Angestellte, Maschinentechniker, Bautechniker, Chemiker, Zeichner und dergleichen; vgl. *Landmann/Rohmer*, § 133c, Rdnrn. 3 und 4.
18 Vgl. hierzu *Schmatz/Fischwasser* II, II 1 d, S. L 216.

nach den Sondervorschriften der §§ 48 Abs. 1, 78 Abs. 2 SeemG. Im einzelnen gilt folgendes:
Als Angestellte im weiteren Sinn des Entgeltfortzahlungsrechtes sind anzusehen die Kapitäne sowie von den Besatzungsmitgliedern die Schiffsoffiziere[19] und sonstige nach der seemännischen Verkehrsanschauung als Angestellte anzusehende Personen[20], nicht dagegen die Schiffsleute nach § 6 SeemG, deren Arbeitsrechtsverhältnisse denen der Arbeiter entsprechen.

4. Auszubildende

Nach § 12 Abs. 1 Nr. 2 BBiG ist dem Auszubildenden die Vergütung für die Dauer von sechs Wochen zu zahlen, wenn er infolge unverschuldeter Krankheit, einer Sterilisation oder eines Abbruchs der Schwangerschaft nicht an der Berufsausbildung teilnehmen kann. Diese Bestimmung gilt nur, wenn ein Berufsausbildungsvertrag zwischen dem Ausbildenden und Auszubildenden abgeschlossen worden ist (§ 3 Abs. 1 BBiG), ferner für Praktikanten und Volontäre im Rahmen des § 19 BBiG, nicht jedoch, wenn ein Arbeitsvertrag abgeschlossen wird. § 12 BBiG ist auch nicht anwendbar bei Maßnahmen der beruflichen Fortbildung oder Umschulung im Rahmen eines bestehenden Arbeitsverhältnisses[21]. In diesen Fällen richtet sich die Entgeltfortzahlung nach den für das Arbeitsverhältnis des Betroffenen geltenden Bestimmungen.

III. Krankheitsbedingte Arbeitsverhinderung

1. Begriff der Krankheit

Im medizinischen Sinne ist „Krankheit" eine Störung der normalen Funktion des Körpers bzw. seiner Organe und Organsysteme als Resultat verschiedener von außen einwirkender Faktoren (Exposition, Milieu) in Zusammenhang mit der zeitweilig sich ändernden Anfälligkeit (Disposition) sowie der Reaktionseigentümlichkeit des Organismus[22]. Diese klinische Definition

---

19 Schiffsoffiziere sind Angestellte des nautischen oder technischen Schiffsdienstes, die eines staatlichen Befähigungszeugnisses bedürfen, die Schiffsärzte, Seefunker (Funkoffiziere) mit Seefunkzeugnis 1. und 2. Klasse und Zahlmeister (§ 4 SeemG).
20 Hierzu gehören nach dem MTV für die deutsche Seeschiffahrt vom 18. 12. 1970 Funker mit Seefunksonderzeugnis, Elektriker, Oberköche, Oberstewards, Zahlmeister-Assistenten, Krankenschwestern, Heilgehilfen, Gepäckmeister, Tauchermeister sowie Bürogehilfen auf Fahrgastschiffen.
21 Vgl. *Schmatz/Fischwasser* II, II 1 f., S. L 220; *Marienhagen*, § 1 Rdnr. 56.
22 *Zetkin/Schaldach*, Wörterbuch der Medizin, 6. Auflage Stuttgart 1978, Bd. I S. 758.

ist gesetzlich nirgends festgeschrieben, weil die Vielfalt der Gesundheitsstörungen einem ständigen Wechsel in der Betrachtungsweise durch die fortschreitenden medizinischen Erkenntnisse unterliegt[23]. Im rechtlichen Sinne versteht man unter Krankheit einen regelwidrigen Körper- oder Geisteszustand, wobei die Regelwidrigkeit bereits mit der „Abweichung von der durch das Leitbild des gesunden Menschen geprägten Norm" gegeben ist[24]. Auf die Ursachen der Erkrankung kommt es dabei nicht an; auch spielt keine Rolle, ob ein physisches oder psychisches Leiden angeboren oder später erworben ist, ob besondere Schmerzen und Beschwerden vorliegen oder die Gefahr einer Verschlimmerung besteht[25]. Andererseits liegt kein regelwidriger Zustand und damit keine Krankheit vor bei normal verlaufender, d. h. nicht mit krankhaften Beschwerden einhergehender Schwangerschaft[26] oder bei altersbedingtem Nachlassen der Leistungsfähigkeit[27]. Krank im Rechtssinne sind dagegen sog. „Bazillenträger", da das Ausscheiden von Krankheitserregern kein normaler Vorgang im menschlichen Körper ist[28].

2. Verhinderung an der Arbeitsleistung

Im Arbeitsrecht ist „Krankheit" im medizinischen Sinne nur relevant, wenn ihre Auswirkungen die Arbeitsleistung dergestalt beeinflussen, daß dem Arbeitnehmer die Verrichtung seiner Dienste für längere oder kürzere Zeit unmöglich oder unzumutbar ist.

„Unmöglichkeit" ist hier – als nachträgliches Unvermögen im Sinne des § 275 Abs. 2 BGB – dahin zu verstehen, daß die Krankheit den Arbeitnehmer effektiv hindert, seiner Arbeit nachzugehen (z. B. bei Bewußtlosigkeit, Beinbruch oder stationärer Krankenhausbehandlung). Dieser praktisch nur selten gegebenen tatsächlichen Unmöglichkeit stehen die zahlreichen Fälle gegenüber, in denen eine akute oder latente Krankheit wegen der mit ihr verbundenen Beschwerden bzw. Verschlimmerungsgefahr die Arbeitsleistung erschwert oder gefährdet bzw. in absehbarer Zeit zu verhindern droht,

---

23 *Peters*, § 182 RVO Anm. 3 c; *Schmatz/Fischwasser*, I, § 1 LohnFG Anm. III 1 a, S. C 110.
24 Vgl. *Hanau*, NJW 1969 S. 2272 m. w. N.
25 Vgl. aus der Rechtsprechung: *BSG*, 28. 10. 1960, BSGE Bd. 13 S. 134 = NJW 1961 S. 986; 1. 7. 1964, NJW 1964 S. 2223 (seelische Störungen neurotischer Art); 18. 6. 1968, BSGE Bd. 28 S. 114 (nicht behebbare Trunksucht auch ohne Vorliegen organischer Schädigungen); *BAG*, 14. 1. 1972, AP Nr. 12 zu § 1 LohnFG = BB 1972 S. 921 (Schielen als Gesundheitsstörung); 7. 11. 1975, AP Nr. 38 zu § 1 LohnFG = BB 1976 S. 933 (Geburtsfehler als Krankheit); *LSG Essen*, 15. 7. 1966, Breithaupt 1967 S. 397 (sexuelle Triebenthemmung infolge charakterlicher Abartigkeit und mangelnder Fähigkeit zur Selbststeuerung); *LAG Bremen*, 21. 5. 1971, DB 1971 S. 1310; *LAG Frankfurt a. M.*, 26. 1. 1976, BB 1976 S. 1464.
26 Vgl. *BAG*, 14. 10. 1954, AP Nr. 1 zu § 13 MuSchG = BB 1954 S. 1052.
27 *Kaiser*, § 1 Anm. 22; *Schmatz/Fischwasser* I, § 1 LohnFG Anm. III 1 a, S. C 110.
28 Vgl. *Neumann/Lepke*, S. 24; *Schmatz/Fischwasser* I, § 1 LohnFG Anm. III 1 b, S. C 113.

wenn sie nicht behandelt wird. In allen diesen Fällen bleibt zwar die Arbeitsleistung an sich möglich, ist aber dem Arbeitnehmer nicht zuzumuten[29]. Hierher gehören schließlich auch die Fälle, in denen nicht die Krankheit selbst die Arbeitsleistung verhindert, sondern die zu ihrer Behebung notwendige Krankenpflege oder Heilbehandlung[30]. Eine krankheitsbedingte Arbeitsverhinderung liegt jedoch nicht vor, wenn sich der Arbeitnehmer zur Behebung eines angeborenen körperlichen Mangels, der aber seine Arbeitsfähigkeit nicht beeinträchtigt (z. B. O-Beinstellung), einer Korrekturoperation unterzieht und infolgedessen seiner Arbeit nicht nachgehen kann[31].

Die so bestimmte krankheitsbedingte Arbeitsverhinderung umfaßt zugleich den Begriff der Arbeitsunfähigkeit im Sinne der gesetzlichen Krankenversicherung, der nach überwiegender Meinung auch für den Bereich des Lohnfortzahlungsgesetzes gelten soll[32]. Sachlich besteht allerdings kein Unterschied mehr zwischen der „Arbeitsverhinderung durch Krankheit" bei Angestellten und der „Arbeitsunfähigkeit infolge Krankheit" bei Arbeitern, zumal das für letztere Arbeitnehmergruppe geltende Lohnfortzahlungsgesetz den Arbeitern im Krankheitsfalle gesellschaftspolitisch die gleiche Rechtsstellung wie den Angestellten geben wollte[33].

Kraft gesetzlicher Spezialvorschrift, eingeführt durch das Strafrechtsreform-Ergänzungsgesetz vom 28.8.1975 (BGBl. I S. 2289) sind die durch Sterilisation und Schwangerschaftsabbruch hervorgerufenen Ar-

---

29 Vgl. insbesondere die höchstrichterliche Rechtsprechung zur Gehaltsfortzahlung für Angestellte im Krankheitsfalle: *BAG*, 17. 11. 1960, AP Nr. 21 zu § 63 HGB = BB 1961, S. 96; 24. 2. 1961, AP Nr. 22 zu § 63 HGB = BB 1961 S. 482; 17. 3. 1961, AP Nr. 23 zu § 63 HGB = BB 1961 S. 826.
30 *BAG*, 14. 1. 1972, AP Nr. 12 zu § 1 LohnFG = BB 1972 S. 921; *Brackmann*, II S. 384 a, 388 I; *Brecht*, S. 30; *Kehrmann/Pelikan*, § 1 Anm. 35; *Kaiser, § 1 Anm. 23; Marienhagen*, § 1 Anm. 16; *Peters* II, § 182 e; *Schmatz/Fischwasser* I, § 1 LohnFG Anm. III 1 b, S. C 110.
31 *ArbG Hagen*, 18. 7. 1973, DB 1973 S. 1805. Vgl. demgegenüber *LAG Frankfurt a. M.*, 8. 12. 1975, EEK I/501, das eine krankheitsbedingte Arbeitsverhinderung im Sinne der Entgeltfortzahlungsbestimmungen annimmt, wenn der Arbeitnehmer eine angeborene Lippen-Kiefer-Gaumenspalte korrigieren läßt, um negative Folgen psychischer Art zu vermeiden. Bei Organtransplantationen ist allerdings bei dem Spender eine krankheitsbedingte Arbeitsverhinderung zu verneinen; über die Leistungen der Krankenversicherung in diesem Falle vgl. *BSG*, 12. 12. 1972, NJW 1973 S. 1432.
32 Vgl. *Schmatz/Fischwasser*, a.a.O., S. C 111 unter Hinweis auf die Rechtsprechung des *BAG* zum ArbKrankhG. Demgegenüber hatte *ich* im Kommentar zum LohnFG, § 1 Anm. 16 f. eine arbeitsrechtliche Bestimmung des Arbeitsunfähigkeitsbegriffes vorgeschlagen, dem das *BAG* in der Sache gefolgt ist, vgl. *BAG*, 14. 1. 1972, a.a.O. Zum Begriff der Arbeitsunfähigkeit vgl. im übrigen die umfassende Darstellung von *Schulin*, ZfA 1978 S. 215 ff. mit zahlreichen Beispielen und Nachweisen.
33 So mit überzeugender Begründung *BAG*, 16. 2. 1971, AP Nr. 2 zu § 1 LohnFG = BB 1971 S. 614 und 10. 6. 1971, AP Nr. 4 zu § 1 LohnFG = BB 1971 S. 958.

beitsverhinderungen der krankheitsbedingten Arbeitsverhinderung gleichgestellt, soweit sie auf ärztlichen Eingriffen beruhen.

3. Kausalzusammenhang

Aus dem unterschiedlichen Wortlaut der gesetzlichen Bestimmungen über die Entgeltfortzahlung im Krankheitsfalle[34] ergibt sich bereits, daß der Arbeitnehmer nur dann die Fortzahlung des Arbeitsentgelts verlangen kann, wenn er ohne die krankheitsbedingte Arbeitsverhinderung einen solchen Anspruch gehabt hätte. Der danach erforderliche ursächliche Zusammenhang zwischen Krankheit und Verhinderung an der Arbeitsleistung ist somit ein weiteres wichtiges Kriterium für die erste Voraussetzung der Entgeltfortzahlung im Krankheitsfalle. Die krankheitsbedingte Arbeitsverhinderung muß nach ganz überwiegender Meinung[35] die alleinige Ursache für die Nichtleistung der Arbeit sein. Treffen also auf anderen Gründen (Schlechtwetter im Baugewerbe, Kurzarbeit, Urlaub, Arbeitskampf) beruhende Arbeitsunterbrechungen oder Beschäftigungsverbote, z. B. nach dem Bundesseuchengesetz, mit krankheitsbedingter Arbeitsverhinderung zusammen, so kann nach den hierfür geltenden Bestimmungen keine Entgeltfortzahlung verlangt werden. Im einzelnen gilt folgendes:

Schlechtwettergeld wird gewährt, wenn der Arbeitsausfall ausschließlich durch zwingende Witterungsgründe verursacht ist (§ 84 Abs. 1 Nr. 1 AFG). In solchen Fällen besteht im Baugewerbe nach § 4 Nr. 5 des dort geltenden allgemeinverbindlichen Bundesrahmentarifvertrages kein Lohnanspruch. Der Anspruch auf Lohnfortzahlung im Krankheitsfalle ist also nach dem Lohnausfallprinzip nur gegeben, wenn der Arbeitnehmer, wäre er nicht erkrankt, für den betreffenden Zeitraum mit Arbeitsentgelt belegte Stunden aufzuweisen hätte[36]. Bei Erkrankung während des Bezuges von Schlechtwettergeld richtet sich die Gewährung von Krankengeld nach § 164 AFG.

---

34 § 1 LohnFG: „*verliert er nicht den Anspruch auf Arbeitsentgelt . . .*"; § 63 HGB: „*. . .behält er seinen Anspruch auf Gehalt und Unterhalt . . .*"; § 133 c GewO: „*Angestellte behalten . . . den Anspruch auf die vertragsmäßigen Leistungen . . .*"; § 616 Abs. 1 BGB: „*Der zur Dienstleistung Verpflichtete wird des Anspruchs auf die Vergütung nicht verlustig . . .*"; § 48 SeemG: „*. . . behält ein . . . Angestellter den Anspruch auf Heuerzahlung . . .*".
35 *BAG*, 24. 6. 1965, AP Nr. 23 zu § 2 ArbKrankhG = BB 1965 S. 989; 22. 8. 1967, AP Nr. 42 zu § 1 ArbKrankhG = BB 1967 S. 1337 und 8. 3. 1973, AP Nr. 29 zu § 1 LohnFG = BB 1973 S. 1490; *Becher*, *§ 1 Rdnr. 26*, *Bleistein*, Tz. 21; *Brecht*, § 1 Anm. 60; *Kehrmann/Pelikan*, § 1 Rdnr. 38; *Marienhagen*, § 1 Anm. 21 f. A. A. *Waldeyer*, DB 1972 S. 680 und *von Maydell*, DB-Beilage Nr. 15/1973.
36 So schon unter der Geltung des ArbKrankhG *BAG*, 24. 6. 1965, AP Nr. 23 zu § 2 ArbKrankhG = BB 1965 S. 989; vgl. ferner *LAG Frankfurt a. M.*, 5. 2. 1973, EEK I/354 und 5. 5. 1975, EEK I/481 = BB 1975 S. 1637; *Schmatz/Fischwasser* I, § 1 LohnFG Anm. III 1 c, S. C 116 f.

Lohnausgleich wird in Form eines Pauschalbetrages auf Grund tarifvertraglicher Vorschriften[37] im Baugewerbe gezahlt, wenn in der Zeit zwischen Weihnachten und Neujahr nicht gearbeitet wird. Da dieser Lohnausgleich wie das Schlechtwettergeld nur Lohnersatzfunktion hat[38], besteht bei krankheitsbedingter Arbeitsverhinderung während der Ausfalltage kein Anspruch auf Entgeltfortzahlung. Etwas anderes gilt nur, wenn ausnahmsweise während des Lohnausgleichszeitraumes gearbeitet werden sollte. Hier ist, da ein Lohnanspruch besteht, auch bei krankheitsbedingter Arbeitsverhinderung das Entgelt fortzuzahlen[39].

Bei Kurzarbeit ist zu unterscheiden, ob die Arbeitsdauer regelmäßig an sämtlichen Arbeitstagen verkürzt wird oder, was die Regel bildet, die Arbeit an einigen Tagen einer Arbeitswoche ganz ausfällt. Im ersten Fall besteht, da ein Lohnanspruch gegeben ist, auch dem Grunde nach Anspruch auf Entgeltfortzahlung bei krankheitsbedingter Arbeitsverhinderung, und die Arbeitszeitverkürzung infolge Kurzarbeit wirkt sich nur auf die Höhe der Entgeltfortzahlung aus (vgl. hierzu unten VIII 3). Im zweiten Falle dagegen ist für die Ausfalltage im Krankheitsfalle kein Entgelt zu zahlen[40]. Die Gewährung von Krankengeld richtet sich ebenfalls nach § 164 AFG.

Auch für alle weiteren Fälle von Arbeitsausfall gilt die Regel, daß der Anspruch auf Entgeltfortzahlung bei krankheitsbedingter Arbeitsverhinderung, der auf Ersatz von Lohnausfall gerichtet ist (vgl. unten VIII 1), nur besteht, wenn der Arbeitnehmer, wäre er nicht erkrankt, gegen Entgelt hätte arbeiten können. Wird beispielsweise durch Betriebsvereinbarung der Zeitraum zwischen Weihnachten und Neujahr für arbeitsfrei erklärt und die ausfallende Arbeitszeit vor- oder nachgearbeitet, so besteht bei krankheitsbedingter Arbeitsverhinderung im Ausfallzeitraum kein Anspruch auf Entgeltfortzahlung[41]. Bei Arbeitsverhinderung durch Krankheit im Ausgleichszeitraum, d. h. in der Zeit, in der vor- oder nachgearbeitet wird, ist jedoch das Entgelt, ggf. auf der Basis der verlängerten Arbeitszeit, fortzuzahlen[42].

---

37 Vgl. § 3 des allgemeinverbindlichen TV zur Förderung der Aufrechterhaltung der Beschäftigungsverhältnisse im Baugewerbe während der Winterperiode (Lohnausgleichs-TV) i. d. F. vom 27. 6. 1975.
38 Vgl. *BAG*, 20. 1. 1972, AP Nr. 13 zu § 1 LohnFG = BB 1972 S. 450.
39 Vgl. *BAG*, 30. 8. 1973, AP Nr. 32 zu § 1 LohnFG = BB 1973 S. 1641 für den Fall des „Schneedienstes" bei Bundesbahn-Bautrupps.
40 Vgl. *BAG*, 18. 2. 1965, AP Nr. 22 zu § 2 ArbKrankhG = BB 1965 S. 543; 5. 5. 1966, AP Nr. 24 zu § 2 LohnFG = BB 1966 S. 944, 1483 und 6. 10. 1976, AP Nr. 6 zu § 2 LohnFG = BB 1977 S. 295; *Schmatz/Fischwasser* I, § 1 LohnFG Anm. III 1c, S. C 117.
41 Vgl. *BAG*, 22. 8. 1967, AP Nr. 42 zu § 1 ArbKrankhG = BB 1967 S. 1337; *LAG Frankfurt a. M.*, 9. 7. 1969, BB 1970 S. 1539 und 27. 9. 1972, DB 1973 S. 287.
42 Vgl. *Bleistein*, Tz. 21; *Brecht*, § 1 Anm. 24; *Doetsch/Schnabel/Paulsdorff*, § 1 Anm. 14; *Kaiser*, § 1 Anm. 33; *Kehrmann/Pelikan*, § 1 Anm. 41; *Schmatz/Fischwasser* I, § 1 LohnFG Anm. III 1c, S. C 121.

Fällt die Arbeit aus Gründen aus, die im Einflußbereich des Arbeitgebers liegen (z. B. Arbeits- und Materialmangel), so besteht nach der Lehre vom **Betriebsrisiko** regelmäßig Anspruch auf Weiterzahlung des Entgeltes aus dem Gesichtspunkt des Annahmeverzuges[43]. Etwas anderes gilt bei **Arbeitskampfmaßnahmen**: Führen diese zur Stillegung des gesamten Betriebes, ist der Anspruch auf Entgeltfortzahlung ausgeschlossen; dabei kommt es nicht darauf an, ob der Arbeitnehmer vor Beginn oder während des Arbeitskampfes erkrankt[44].

Werden dagegen die **arbeitswilligen** Arbeitnehmer weiterbeschäftigt, dann kann derjenige Arbeitnehmer Fortzahlung seines Entgeltes verlangen, der vor Beginn des Arbeitskampfes erkrankt ist und die Arbeit hätte fortsetzen können und wollen bzw. der nach Beginn des Arbeitskampfes erkrankt ist und bis zum Eintritt der Krankheit zu den Arbeitswilligen gehört hatte[45]. Andererseits erwirbt der Streikende oder mit suspendierender Wirkung Ausgesperrte keinen Entgeltfortzahlungsanspruch, wenn er während des Arbeitskampfes arbeitsunfähig erkrankt[46]. Bei **mittelbaren** Auswirkungen eines Arbeitskampfes, z. B. zeitweiliger Stillegung des Zuliefererbetriebes eines am Arbeitskampf beteiligten Betriebes, besteht für den Arbeitgeber keine Verpflichtung zur Entgeltfortzahlung, wenn sich sein Betrieb in einer der Lage im Kampfbetrieb vergleichbaren Situation befindet und der Arbeitsausfall im Drittbetrieb nicht durch eine vernünftige vorausschauende Planung ausgeglichen werden kann[47].

Beruht die Verhinderung an der Arbeitsleistung auf einem gesetzlichen **Beschäftigungsverbot**, z. B. auf Grund öffentlich-rechtlicher Bestimmungen des Bundesseuchengesetzes bei sog. „Bazillenträgern" (Ausscheider, Ausscheidungsverdächtige oder Ansteckungsverdächtige), besteht kein Anspruch auf Entgeltfortzahlung im Krankheitsfalle, da die Arbeitsverhinderung ihre **alleinige** Ursache nicht in der Krankheit, sondern in dem Beschäftigungsverbot hat. So gilt für Ausscheider und Ansteckungsverdächtige die Spezialbestimmung des § 49 BSeuchG, die bei angeordneten Beschäftigungsverboten eine Erstattung des Verdienstausfalles vorsieht[48]. Ist das Be-

---

43 Vgl. hierzu *Bobrowski/Gaul* II, G I Rdnr. 10, S. 3f.
44 Vgl. *BAG,* 17. 12. 1964, AP Nr. 39 zu § 1 ArbKrankhG = BB 1965 S. 333 und 8. 3. 1973, AP Nr. 29 zu § 1 LohnFG = BB 1973 S. 1490.
45 Vgl. *BAG,* 24. 2. 1961, AP Nr. 31 zu § 1 ArbKrankhG = BB 1961 S. 530.
46 Vgl. *Bobrowski/Gaul* II, G II Rdnr. 27; *Brox/Rüthers,* Arbeitskampfrecht, S. 236; *Schmatz/Fischwasser* I, § 1 LohnFG Anm. III 1 c, S. C 123. Zur gesamten Problematik ausführlich *Brill,* DB 1972 S. 532 m. w. N.
47 *BAG,* 7. 11. 1975, AP Nr. 30 zu § 615 BGB Betriebsrisiko = BB 1976 S. 511; *Hueck/Nipperdey* II 2, S. 946; *Seiter,* Streikrecht und Aussperrungsrecht, 1975, m. w. N.
48 *Schmatz/Fischwasser* I, § 1 LohnFG Anm. III 1 c, S. C 125. A. A. *BGH,* 30. 11. 1978, BB 1979 S. 213, wonach der Entgeltfortzahlungsanspruch hier auf § 616 Abs. 1 BGB beruhen

schäftigungsverbot dagegen die Folge einer krankheitsbedingten Arbeitsverhinderung, z. B. bei einem an offener Tuberkulose erkrankten Fleischer, so sind Ansprüche nach § 1 LohnFG nicht ausgeschlossen[49].

4. Indirekte Arbeitsverhinderung durch Krankheit

Verhinderung an der Arbeitsleistung infolge Krankheit kann nicht nur bei eigener Krankheit des Arbeitnehmers gegeben sein, sondern auch dann vorliegen, wenn die Erkrankung naher Angehöriger und die damit verbundene Notwendigkeit von deren Pflege und Betreuung die Arbeitsleistung unzumutbar macht. Diese Frage hat besondere Bedeutung erlangt, nachdem durch § 1 Nr. 2 KLVG die Bestimmung des § 185c RVO geschaffen wurde, und muß daher hier besonders erörtert werden.

§ 185c RVO gibt einen Anspruch auf ein besonderes Pflegekrankengeld, wenn es nach ärztlichem Zeugnis erforderlich ist, daß der versicherte Arbeitnehmer zur Beaufsichtigung, Betreuung oder Pflege seines erkrankten Kindes der Arbeit fernbleibt, eine andere im Haushalt des Versicherten lebende Person die Beaufsichtigung, Betreuung oder Pflege nicht übernehmen kann und das Kind das achte Lebensjahr noch nicht vollendet hat (Abs. 1). Dieser Anspruch besteht nach § 185c Abs. 2 RVO in jedem Kalenderjahr für jedes Kind für längstens fünf Arbeitstage. Außerdem haben hiernach anspruchsberechtigte Arbeitnehmer für diese Zeit gegen ihren Arbeitgeber Anspruch auf unbezahlte Freistellung von der Arbeitsleistung, „soweit nicht aus dem gleichen Grund Anspruch auf bezahlte Freistellung besteht" (§ 185c Abs. 3 Satz 1 RVO).

Damit ist klar gesagt, daß der Anspruch auf das Pflegekrankengeld subsidiärer Natur ist, denn wenn und soweit ein Anspruch auf Arbeitsentgelt besteht, ruht nach § 189 RVO der Krankengeldanspruch. Es war und ist also in diesen Fällen nach arbeitsrechtlichen Gesichtspunkten zu prüfen, ob die Verhinderung an der Arbeitsleistung infolge Beaufsichtigung, Betreuung und Pflege eines erkrankten Kindes nach den Bestimmungen des § 616 Abs. 1 BGB, § 63 HGB oder § 133c GewO einen Anspruch auf Entgeltfortzahlung auslöst.

Für den Geltungsbereich des § 616 Abs. 1 BGB war die schwere Erkrankung eines nahen Angehörigen als Verhinderungsgrund im Sinne dieser Vorschrift

---

soll. Nach *BGH*, 1. 2. 1979 – III ZR 88/77 –, NJW 1979 S. 1460 soll der Arbeitgeber auch keinen Erstattungsanspruch nach § 49 Abs. 4 Satz 2 BSeuchG haben, wenn er das Entgelt fortgezahlt hat.

49 *BAG*, 26. 4. 1978, AP Nr. 6 zu § 6 LohnFG = BB 1978 S. 1780.

im Schrifttum allgemein anerkannt[50]. Das Bundesarbeitsgericht hatte sich dem im Falle zweier Arbeiterinnen angeschlossen[51]. Bei den unter die §§ 63 HGB und 133c GewO fallenden Angestellten vertrat das Bundesarbeitsgericht zunächst die Ansicht, die bei der schweren Erkrankung eines nahen Angehörigen auftretenden Betreuungs- und Pflegeprobleme des Arbeitnehmers seien für ihn ein „unverschuldetes Unglück" im Sinn der genannten Bestimmungen[52], äußerte jedoch insbesondere verfassungsrechtliche Bedenken wegen der daraus folgenden Ungleichbehandlung innerhalb der Angestelltengruppe: Während die kaufmännischen und technischen Angestellten in den genannten Fällen einen unabdingbaren Anspruch hatten, drohte den übrigen unter § 616 BGB fallenden Angestellten dadurch ein Nachteil, daß der Anspruch aus § 616 Abs. 1 BGB allgemein als abdingbar angesehen wird[53]. Unter dem Einfluß massiver Kritik aus dem Schrifttum[54] hat das Bundesarbeitsgericht inzwischen auch seine Auffassung geändert: Nunmehr sind die in § 185c RVO angesprochenen Fälle der Arbeitsverhinderung durch Erkrankung eines Kindes hinsichtlich der Entgeltfortzahlung für sämtliche Arbeitnehmer ausschließlich nach § 616 Abs. 1 BGB zu behandeln[55]. Diese Bestimmung kann insbesondere durch Tarifverträge abbedungen werden und ist es vielfach auch; ob eine Abdingbarkeit durch Einzelvertrag möglich ist, hat das Bundesarbeitsgericht in der Entscheidung vom 20. 6. 1979 offengelassen, muß aber wohl bejaht werden.

IV. Unverschuldete Arbeitsverhinderung

1. Begriff des Verschuldens

Der Anspruch auf Entgeltfortzahlung besteht nur, wenn die auf Krankheit beruhende Verhinderung an der Arbeitsleistung unverschuldet ist. Die Bestimmung des Verschuldensbegriffes im Sinne der Entgeltfortzahlungsvorschriften hat Rechtsprechung und Schrifttum im erheblichen Umfang be-

---

50 Vgl. *Hueck/Nipperdey* I, § 44 III und § 34 IV 2; *Nikisch* I, § 43 II 1 und § 43 I 2; *Nipperdey/Mohnen/Neumann*, § 616 Rdnr. 10; *Soergel/Siebert*, § 616 Rdnr. 8.
51 *BAG*, 19. 4. 1978, BB 1978 S. 1116.
52 *BAG*, 7. 6. 1978, AP Nr. 35 zu § 63 HGB = BB 1978 S. 1214 unter Hinweis auf *BAG*, 17. 11, 1960, BAGE Bd. 10 S. 183 ff. = APNr. 21 zu § 63 HGB = BB 1961. S. 96.
53 *BAG* (GrS), 17. 12. 1959, BAGE Bd. 8 S. 285 = AP Nr. 21 zu § 616 BGB = BB 1960 S. 363 und 25. 4. 1960, BAGE Bd. 9 S. 179 = AP Nr. 23 zu § 616 BGB = BB 1960 S. 664; *Schaub*, § 97 III.
54 Vgl. *Herschel*, Anm. AP Nr. 35 zu § 63 HGB; *Löwisch*, DB 1979 S. 209; *Meisel*, SAE 1979 S. 92 ff.
55 *BAG*, 20. 6. 1979 – 5 AZR 479/77 –, BB 1979 S. 1401. Vgl. hierzu auch *BAG*, 20. 7. 1977, AP Nr. 47 zu § 616 BGB = BB 1977, S. 1651, 1761.

schäftigt, und die Subsumption der einschlägigen Sachverhalte unter diesen Begriff führt immer wieder zu Schwierigkeiten in der Praxis.

Der Begriff des „Verschuldens" im bürgerlich-rechtlichen Sinne ist gesetzlich nirgends festgelegt. Man versteht darunter allgemein das **objektiv** pflichtwidrige (in der Regel rechtswidrige) und **subjektiv** vorwerfbare Verhalten eines Zurechnungsfähigen, das meist zu einem schädlichen Erfolg geführt hat[56]. Ausdrucksformen eines solchen Verhaltens sind im Recht der Schuldverhältnisse **Vorsatz**, d. h. Wissen und Wollen des rechtswidrigen Erfolges[57], und die abgestuften Grade der **Fahrlässigkeit**, die in § 276 Abs. 1 Satz 2 allgemein definiert ist als Außerachtlassung der im Verkehr erforderlichen Sorgfalt[58]. Beides hat der Schuldner bei der Erfüllung seiner Verpflichtung dem Gläubiger gegenüber nach § 276 Abs. 1 Satz 1 BGB „zu vertreten". Von diesem Verschulden im Sinne des § 276, verstanden als schuldhafte Verletzung der **einem anderen** gegenüber bestehenden Verpflichtung, unterscheidet sich der in § 254 BGB verwendete Begriff des (Mit-)Verschuldens, unter dem man den vorwerfbaren Verstoß gegen die Gebote des eigenen Interesses (Obliegenheiten), also ein „Verschulden gegen sich selbst" versteht[59].

Ausgehend von dem Verschuldensbegriff in § 276 BGB wurde früher gelegentlich die Ansicht vertreten, eine schuldhafte Verhinderung an der Arbeitsleistung liege nur vor, wenn der Arbeitnehmer seine Arbeitspflicht bzw. seine Treuepflicht gegenüber dem Arbeitgeber dadurch verletzt habe, daß er sich vorsätzlich oder fahrlässig zur Leistung der Arbeit unfähig gemacht hat[60]. Gegen diese Ansicht wurde mit Recht eingewandt, sie führe zu

---

56 Vgl. *Palandt/Heinrichs*, § 276 Anm. 2.
57 So *Schmidt* in Soergel/Siebert, § 276 Anm. 3.
58 Bei der Fahrlässigkeit unterscheidet man die leichte oder normale von der groben, die in § 277 BGB erwähnt, aber nicht definiert ist. Der von der Rechtsprechung gebildete Begriff der groben Fahrlässigkeit erfordert neben der rein objektiv zu wertenden Sorgfaltsverletzung auch die Berücksichtigung subjektiver, in der Individualität des Handelnden liegender Umstände, vgl. RGZ Bd. 141 S. 131; BGHZ Bd. 10 S. 16, 74; *Palandt/Heinrichs*, § 277 Anm. 2 m. w. N. Bei leichtester Fahrlässigkeit dagegen, d. h. bei einem typischen Abirren des menschlichen Verhaltens, wird im Arbeitsrecht nicht gehaftet, soweit es sich um gefahrgeneigte Arbeit handelt; vgl. *BAG*, 19. 3. 1959, BAGE Bd. 7 S. 290 = AP Nr. 8 zu § 611 BGB Haftung des Arbeitnehmers = BB 1959 S. 884; 21. 11. 1959, AP Nr. 14 zu § 611 BGB Haftung des Arbeitnehmers = BB 1960 S. 132.
59 Vgl. aus der Rechtsprechung: RGZ Bd. 149 S. 7; Bd. 156 S. 207; BGHZ Bd. 3 S. 49; Bd. 57 S. 145; ferner *Schmidt* in Soergel/Siebert, § 254 Anm. 11 ff.; *Enneccerus/Lehmann*, Lehrbuch des bürgerlichen Rechts. Bd. 2, 15. Auflage, § 16 I 3; *Esser*, Lehrbuch des Schuldrechts, 5. Auflage, § 47 I 2; *Larenz*, Lehrbuch des Schuldrechts, Bd. I, 11. Auflage, § 31 I a; *Palandt/Heinrichs*, § 254 Anm. 1 a. Andere Autoren sehen in dem Mitverschulden des § 254 BGB eine echte Pflichtverletzung gegenüber dem Schädiger, so *Staudinger/Werner*, § 254 Anm. 23 ff.
60 So *Lotmar* II, S. 180 ff.; *Schnorr von Carolsfeld*, S. 210; *Nipperdey/Mohnen/Neumann*, § 616 Anm. 13; *Denecke*, BB 1951 S. 59; vgl. aus der älteren Rechtsprechung *LAG Frankfurt a. M., 25. 5. 1950, AP 1951 Nr. 133*.

unbefriedigenden Ergebnissen, weil sie vom Arbeitnehmer verlange, auch sein ganzes Privatleben in den Dienst der Erhaltung seiner Arbeitskraft zu stellen und bei seiner Lebensführung alles zu vermeiden, was ihn arbeitsunfähig machen könnte[61]. Daher ging schon früh eine weit verbreitete und heute wohl herrschende Meinung dahin, sich bei der Bestimmung des Verschuldensbegriffes im Sinne der Vorschriften über die Entgeltfortzahlung im Krankheitsfalle am „Verschulden gegen sich selbst" i. S. des § 254 BGB zu orientieren. Die hier verlangte **Vorwerfbarkeit** des Verstoßes gegen die Gebote des eigenen Interesses wurde als „Verschulden" angesehen, wenn die Verhinderung an der Arbeitsleistung durch ein unverständiges, leichtfertiges oder gegen die guten Sitten verstoßendes Verhalten herbeigeführt worden war[62]. Das sollte indessen nicht dazu führen, ein Verschulden schon dann anzunehmen, wenn der Arbeitnehmer die Krankheit oder den Unfall „sich selbst zuzuschreiben" hat[63], sondern verschuldet im Sinne der Entgeltfortzahlungsbestimmungen sollte die Arbeitsverhinderung nur dann sein, wenn die ihr zugrunde liegende Erkrankung auf einem ungewöhnlich **leichtfertigen** oder **mutwilligen Verhalten** beruht, dessen Folgen auf den Arbeitgeber abzuwälzen unbillig wäre[64].

Hieran anknüpfend bestimmt die Rechtsprechung des Bundesarbeitsgerichtes den Begriff des Verschuldens im Sinne der Vorschriften über die Entgeltfortzahlung im Krankheitsfalle dahin, daß nur bei einem **gröblichen** Verstoß gegen das von einem verständigen Menschen im eigenen Interesse zu erwartende Verhalten die Verhinderung an der Arbeitsleistung verschuldet ist[65]. Damit erhält die „Vorwerfbarkeit" des Verstoßes gegen die Gebote des eigenen Interesses als wesentlichste Komponente des „Verschuldens gegen sich selbst" einen Inhalt, der sich in nichts vom Begriff der **groben Fahrlässigkeit** unterscheidet. Nicht erforderlich ist dagegen für den Verschuldensbegriff, daß die Abwälzung der Folgen des gröblichen Verstoßes auf den Arbeitgeber unbillig wäre, denn diese Frage kann erst bei der Geltend-

---

61 So *Hueck/Nipperdey* I, S. 332; *Nikisch*, Arbeitsrecht, 2. Auflage 1955, Bd. I S. 505.
62 *Titze*, Handbuch des gesamten Handelsrechts, Teil II 2 S. 753 Anm. 27; *Oertmann*, BGB, 3. Auflage 1927, § 616 Anm. 1 d; *Hueck/Nipperdey*, Lehrbuch des Arbeitsrechts, Bd. I, 3./5. Auflage 1931, S. 221.
63 So schrieb *Nikisch*, wie FN 61, S. 506 treffend: „Ein gewisses Maß von Leichtsinn steckt schließlich auch im Wagemut, ohne den man bei vielen Sportarten und manchmal auch im Straßenverkehr nicht auskommt, und der Hinweis auf die guten Sitten verleitet leicht zur Erörterung umstrittener Fragen der Moral, die hier besser aus dem Spiele bleiben".
64 *Nikisch*, a.a.O.; vgl. neuestens *Hofmann*, Zum Problem des Verschuldens bei krankheitsbedingter Arbeitsunfähigkeit, ZfA 1979 S. 275.
65 *BAG*, 30. 5. 1958, BAGE Bd. 5 S. 307 = AP Nr. 5 zu § 63 HGB = BB 1958 S. 666; 21. 1. 1960, AP Nr. 13 zu § 1 ArbKrankhG = BB 1960 S. 326; 5. 4. 1962, AP Nr. 28 zu § 63 HGB = BB 1962 S. 839; 25. 6. 1964, AP Nr. 38 zu § 1 ArbKrankhG = BB 1964 S. 1044; 23. 11. 1971, AP Nr. 8 zu § 1 LohnFG = BB 1972 S. 220 und 7. 12. 1972, AP Nr. 26 zu § 1 LohnFG = BB 1972 S. 476.

machung eines bestehenden Anspruches unter dem Gesichtspunkt von Treu und Glauben eine Rolle spielen, während die gröbliche Zuwiderhandlung gegen eigene Interessen bereits die Entstehung eines Anspruches verhindert[66]. Es kommt also für die Verschuldensfrage lediglich darauf an, ob dem anspruchsberechtigten Arbeitnehmer bei dem Ereignis, das die krankheitsbedingte Arbeitsverhinderung herbeigeführt hat, ein gröblicher Verstoß gegen das im eigenen Interesse erwartete oder gebotene Verhalten[67] anzulasten ist. Die Beantwortung dieser Frage richtet sich weitgehend nach den Gegebenheiten des konkreten Falles.

2. Das Verschulden im Einzelfall

a) *Unfälle*

Sehr häufig sind Unfälle bei der Arbeit, auf dem Wege zur und von der Arbeit oder im privaten Bereich die Ursache für eine Krankheit, die zur Arbeitsverhinderung führt. Bei Arbeitsunfällen liegt Verschulden im Sinne der Entgeltfortzahlungsbestimmungen vor, wenn der Unfall auf einem vorsätzlichen oder grob fahrlässigen Verstoß gegen die Unfallverhütungsvorschriften oder die auf ihrer Grundlage erlassenen betrieblichen Sicherheitsbestimmungen beruht[68]. Das gilt jedoch nicht, wenn beispielsweise der Arbeitgeber Sicherheitskleidung zu stellen hatte und sich der Arbeitnehmer diese unter Verstoß gegen die Unfallverhütungsvorschriften selbst besorgt hat und einen Unfall erleidet[69], oder wenn es der Arbeitgeber unterlassen hat, den Arbeitnehmer über die Unfallverhütungsvorschriften aufzuklären[70].

Bei Verkehrsunfällen, die zu krankheitsbedingter Arbeitsverhinderung führen, ist Verschulden im Sinne der Entgeltfortzahlungsbestimmungen nur gegeben, wenn der Arbeitnehmer als Verkehrsteilnehmer bei der Herbeiführung des Unfalles objektiv in besonders grober und schwerer Weise gegen die

---

66 Das verkennen *Schmatz/Fischwasser* (Teil I § 1 LohnFG Anm. III 2 a, S. C 128 f.), die die Unbilligkeit der Folgenüberbürdung auf den Arbeitgeber als „objektives Merkmal" zum Verschuldensbegriff rechnen.
67 Wichtige sozialpsychologische Gesichtspunkte für die Bestimmung dieses Verhaltens liefert *Kruse,* Zur Frage des Verschuldens beim Anspruch auf Entgeltfortzahlung im Krankheitsfall, BB 1976 S. 984.
68 Beispiele aus der Praxis: Verbotswidrige Benutzung einer Kreissäge (*BAG,* 25. 6. 1964, AP Nr. 38 zu § 1 ArbkrankhG = BB 1964 S. 1044); Nichttragen eines Schutzhelmes bei gefährlichen Arbeiten (*LAG Frankfurt a. M.,* 6. 9. 1965, BB 1965 S. 1311); Nichttragen von gestellten Sicherheitsschuhen (*LAG Baden-Württemberg,* 26. 9. 1978, BB 1979 S. 1044); Anziehen eines Keilriemens bei laufendem Motor (*ArbG Passau,* 23. 11. 1971, ARST 1972 S. 1137).
69 *ArbG Arnsberg,* 9. 6. 1970, BB 1972 S. 86, Vgl. auch *ArbG Solingen,* 5. 4. 1974, DB 1974 S. 1241.
70 Vgl. *Schmatz/Fischwasser* I, § 1 LohnFG, Anm. III 2 b, S. C 132; *Sabel,* Anm. zu EEK I/513.

Verkehrsregeln verstoßen und/oder subjektiv sein Leben und seine Gesundheit besonders leichtfertig und unverantwortlich aufs Spiel gesetzt hat[71], [72]. Nicht jeder im Sinne der Straßenverkehrsordnung schuldhafte **Verstoß gegen Verkehrsregeln** oder unachtsames Verhalten führt danach zum Verlust des Anspruches auf Entgeltfortzahlung[73]. Andererseits kann auch dann, wenn der verletzte Arbeitnehmer nicht selbst Verkehrsteilnehmer war, ein Verschulden im Sinne der Entgeltfortzahlungsbestimmungen gegeben sein, so, wenn er sich beispielsweise in Kenntnis von einem infolge Alkoholgenusses **Fahruntüchtigen** befördern läßt[74], an einer Autofahrt teilnimmt, obwohl ihm das risikoreiche Fahrverhalten des Fahrers bekannt ist[75], oder wenn er als Beifahrer den vorhandenen **Sicherheitsgurt** nicht anlegt[76]. Hat der anspruchsberechtigte Arbeitnehmer den Unfall mitverschuldet, kommt es für den Lohnfortzahlungsanspruch nicht auf den Anteil des Mitverschuldens, sondern darauf an, ob die schuldhafte Mitwirkung sich als gröblicher Verstoß gegen das von einem verständigen Menschen im eigenen Interesse zu erwartende Verhalten bzw. in objektiver Hinsicht als grober und schwerer Verstoß gegen die Verkehrsregeln darstellt[77].

71 Z. B. durch leichtfertiges Überholen an unübersichtlichen Stellen, Verletzung des Überholverbotes oder Vorfahrtrechtes, Fahren unter Alkoholeinfluß, vgl. *Becher*, § 1 Rdnr. 12; *Brecht*, S. 32; *Brill*, BB 1971 S. 1371; *Kaiser*, § 1 Rdnr. 43; *Kehrmann/Pelikan*, § 1 Rdnr. 49; *Schmatz/Fischwasser* I, § 1 LohnFG Anm. III 2 b, S. C 133; *Rothe*, BB 1969 S. 921 ff.

72 In diesem Sinne wurde von der Rechtsprechung Verschulden bejaht in folgenden Fällen: leichtfertiges Überholen einer LKW-Kolonne mit Motorroller bei 70 km/h Geschwindigkeit (*LAG Düsseldorf*, 23. 2. 1959, BB 1959 S. 812); Verletzung des Vorfahrtsrechtes bzw. Auffahrunfall beim Linksabbiegen (*BAG*, 5. 4. 1962, AP Nr. 28 zu § 63 HGB = BB 1962 S. 839; *LAG Bayern*, 2. 12. 1964, WA 1965 S. 126 = EEK I/088); Benutzung einer Autostraße mit dem Fahrrad bei Nacht und Regen (*ArbG Braunschweig*, 24. 2. 1965, WA 1965 S. 126); Verursachung des Unfalls durch abgefahrene Reifen (*ArbG Celle*, 11. 11. 1970, ARST Kurz-Nr. 1052) bzw. infolge unangepaßter Fahrweise und Benutzung einer unbekannten Straße bei Glatteis (*ArbG Emden*, 2. 12. 1970, ARST 1971 Kurz-Nr. 1053); Unfall infolge Überanstrengung wegen überlanger pausenloser Autofahrt (*LAG Düsseldorf*, 1. 6. 1966, DB 1966 S. 1484); unachtsames Überqueren einer belebten Straße (*BAG*, 23. 11. 1973, AP Nr. 8 zu § 1 LohnFG = BB 1972 S. 220); Fahruntüchtigkeit infolge Einnahme von Tabletten (*LAG Frankfurt a. M.*, 2. 10. 1978, BB 1979 S. 1504); überhöhte Geschwindigkeit auf kurvenreicher Straße bei Nacht und Regen (*LAG Hamm*, 4. 10. 1971, DB 1971 S. 2166) und Nichtanlegen des vorhandenen Sicherheitsgurtes (*LAG Berlin*, 18. 7. 1979, BB 1979 S. 1244 = NJW 1979 S. 2327).

73 Ein Verschulden wurde verneint in folgenden Fällen: Unfall mit dem Fahrrad bei Glatteis auf dem Wege zur Arbeitsstelle (*ArbG Stade*, 13. 3. 1970, BB 1970 S. 1097); Übertretung einer Geschwindigkeitsbegrenzung (*LAG Baden-Württemberg*, 19. 12. 1974, DB 1975 S. 1033).

74 *LAG Düsseldorf*, 2. 10. 1968, EEK I/069; *ArbG Bremen*, 29. 6. 1971, DB 1972 S. 540; *Rothe*, BB 1969 S. 921.

75 *LAG Baden-Württemberg/Stuttgart*, 26. 3. 1971, BB 1971 S. 615; *Brill*, BB 1971 S. 1371.

76 *LAG Berlin*, 18. 7. 1979, BB 1979 S. 1244 = NJW 1979 S. 2327. A. A. *Kuckuk*, DB 1980 S. 302, der in dem Nichtbenutzen vorhandener Sicherheitsgurte keinen Fall „schweren Verschuldens" sieht.

77 *BAG*, 23. 11. 1971, AP Nr. 8 zu § 1 LohnFG = BB 1972 S. 220; *Brill*, BB 1971 S. 1372; *Töns*, C § 1 B IV 2 k.

Sportunfälle: Die dem körperlichen Ausgleich oder der Freizeitgestaltung dienende sportliche Betätigung eines Arbeitnehmers gehört dessen Privatsphäre an. Ausgehend von der Erkenntnis, daß der Arbeitnehmer nicht gehalten ist, sein ganzes Privatleben in den Dienst des Arbeitgebers zu stellen, verstößt die Ausübung eines Sports als solche nicht gegen die Pflichten aus dem Arbeitsvertrag. Daher sind Körperverletzungen und Gesundheitsschäden, die sich der Arbeitnehmer bei sportlicher Betätigung zuzieht, grundsätzlich unverschuldet und lösen, wenn sie zur Verhinderung an der Arbeitsleistung führen, den Anspruch auf Entgeltfortzahlung aus[78]. Auf die Sportart kommt es dabei nicht an, auch nicht darauf, ob sie in jedem Falle gefahrlos ausgeübt werden kann[79].

Ein im Sinne des Verschuldensbegriffes gröblicher Verstoß gegen das von einem verständigen Menschen im eigenen Interesse zu erwartende Verhalten liegt bei Sportunfällen aber dann vor, wenn sich der Arbeitnehmer erkennbar in einer Weise sportlich betätigt, die seine Kräfte und Fähigkeiten erheblich übersteigt, oder wenn die äußeren Umstände, unter denen der Sport ausgeübt wird, die Verletzungsgefahr erkennbar so erhöhen, daß eine einigermaßen sichere Aussicht auf einen günstigen Ausgang nicht mehr gegeben ist[80]. Es kommt also nur darauf an, ob die Ausübung einer bestimmten – auch ungewöhnlichen – Sportart durch den einzelnen Sportler noch im vernünftigen Rahmen entsprechend seiner Leistungsfähigkeit, Übung, Ausrüstung u. dergl. steht[81] und ob der Sport ggf. auf einer ordnungsgemäßen Anlage unter sachkundiger Leitung (Trainer) stattfindet[82].

Dies entspricht im Ergebnis auch der neueren Rechtsprechung des Bundesarbeitsgerichtes, die zunächst dem Verschulden bei Sportunfällen neben der subjektiven Komponente (sportliche Betätigung in einer die individuellen Kräfte und Fähigkeiten deutlich übersteigenden Weise) auch eine objektive Komponente (Teilnahme an einer „besonders gefährlichen Sportart") gegeben[83], diese jedoch in späteren Entscheidungen wieder dahingehend relativiert hatte, daß es statt auf die abstrakte Gefährlichkeit auf die Ausübung im Einzelfall abstellte. So erklärte das Bundesarbeitsgericht das Amateurboxen zur nicht besonders gefährlichen Sportart, wenn es unter ständi-

---

78 BAG, 21. 1. 1976, AP Nr. 39 zu § 1 LohnFG = BB 1976 S. 793 = NJW 1976, S. 1367.
79 Schmatz/Fischwasser I, § 1 LohnFG Anm. III 2 b, S. C 134.
80 Vgl. LAG München, 20. 2. 1979, BB 1979 S. 1453 mit zustimmender Anm. von Henle.
81 LAG München, wie FN 80 für den Fall des Drachenfliegens.
82 In diesem Sinne wurde z. B. das Verschulden verneint für Unfälle beim Skispringen (LAG Bayern, 3. 5. 1972, BB 1972 S. 1325 mit Anm. von Fischer); Grasbahnrennen (ArbG Hagen, 19. 11. 1968, BB 1969 S. 45); Fingerhakeln (LAG Frankfurt a. M., 11. 3. 1974, BB 1974 S. 1164) und Fallschirmspringen (LAG Berlin, 3. 7. 1969, BB 1969 S. 1223 und 12. 2. 1970, DB 1970 S. 1838).
83 BAG, 30. 5. 1958, BAGE Bd. 5 S. 307 = AP Nr. 5 zu § 63 HGB = BB 1958 S. 666 und 25. 2. 1972, AP Nr. 18 zu § 1 LohnFG = BB 1972 S. 710.

ger Trainerbetreuung ausgeübt wird[84]. Bei Fußballwettkämpfen im Amateurbereich wurde das Merkmal der „besonders gefährlichen Sportart" mit der Erwägung verneint, Fußball sei zwar ein Kampfspiel, das körperlichen Einsatz erfordere und bei dem Verletzungen nicht auszuschließen seien, gehöre jedoch zu den verbreitetsten Sportarten überhaupt, werde bereits in der Schule gefördert und allgemein als eine „der Gesundheit dienende vernünftige Beschäftigung" angesehen[85].

In der Tat gibt es wohl auch keine anerkannte, nach festen Regeln auszuübende Sportart, die als abstrakt, d. h. unabhängig vom Verhalten und der Kondition des Ausübenden, gefährlich angesehen werden müßte[86]. Allerdings erfordern einige Sportarten für ihre unfallfreie Ausübung ein derart hohes Maß an Gewandtheit, Körperbeherrschung und auch geistiger Disziplin, daß die oben dargestellte subjektive Komponente des Verschuldens bei Sportunfällen häufig gegeben sein dürfte. Das gilt vor allem für die aus fernöstlichen Nahkampftechniken entstandenen Sportarten wie Karate, Kendo und dgl.[87].

Auch bei anderen Unfällen, die zu krankheitsbedingter Arbeitsverhinderung führen, entfällt der Anspruch auf Entgeltfortzahlung nur bei einem Verhalten, das sich nach den Umständen des Einzelfalles als ein gröblicher Verstoß gegen die eigenen Interessen darstellt, ohne daß es grundsätzlich darauf ankommt, bei welcher Gelegenheit (Freizeit, Nachbarschaftshilfe, Nebenbeschäftigung) sich der Unfall ereignet hat[88]. Ein solcher Verstoß ist jedoch stets anzunehmen, wenn der Unfall durch Trunkenheit veranlaßt wurde[89] oder sonstwie ein grob fahrlässiges, also ausgesprochen leichtfertiges und mutwilliges Verhalten vorliegt[90].

---

84 Urt. vom 1. 12. 1976, AP Nr. 42 zu § 1 LohnFG = BB 1977 S. 396.
85 *BAG*, 21. 1. 1976, AP Nr. 39 zu § 1 LohnFG = BB 1976 S. 793.
86 Kritisch zu der in FN 83 zitierten BAG-Rechtsprechung vor allem *LAG Saarland*, 9. 7. 1975, BB 1975 S. 1253 und *LAG München*, 20. 2. 1979, BB 1979 S. 1453.
87 Das *ArbG Saarbrücken* (Urt. vom 29. 4. 1974, EEK I/439) z. B. hat Karate deshalb nicht als besonders gefährliche Sportart aufgefaßt, weil die dabei auszuteilenden Schläge und Tritte nicht wirklich ausgeführt, sondern nur angedeutet würden. Selbst wenn man Karate noch als „Sport" ansieht, so liegt das wirkliche Risiko jedoch darin, daß die auf tödliche (!) Wirkung berechneten Schläge rechtzeitig abgeblockt werden, was wegen der dafür erforderlichen Konzentration und Gewandtheit nur wirklich geübten und erfahrenen Sportlern gelingt.
88 *BAG*, 21. 1. 1960, AP Nr. 13 zu § 1 ArbKrankhG = BB 1960 S. 326; 19. 12. 1967, AP Nr. 43 zu § 1 ArbKrankhG = BB 1968 S. 250; 14. 8. 1969, AP Nr. 45 zu § 1 ArbKrankhG = BB 1969 S. 1311; 25. 2. 1972, AP Nr. 18 zu § 1 LohnFG = BB 1972 S. 710 und 7. 11. 1975, AP Nr. 38 zu § 1 LohnFG = BB 1976 S. 228 = DB 1976 S. 396.
89 Vgl. *LAG Düsseldorf*, 16. 4. 1958, BB 1958 S. 1133; *ArbG Berlin*, 10. 2. 1965, BB 1965 S. 1227; *ArbG Osnabrück*, 12. 6. 1970, ARST 1972 S. 174 Nr. 1216; *ArbG Lüneburg*, 9. 11. 1971, BB 1972 S. 1408. Über Gehaltsfortzahlung bei alkoholbedingten Unfällen s. auch *Lepke*, DB 1978, S. 1543.
90 Beispiele: leichtfertiges Hantieren mit einer Handfeuerwaffe (*ArbG Hildesheim*, 11. 8. 1970, BB 1970 S. 1096; ArbG Kiel, 15. 11. 1968, BB 1969 S. 797); Sprung vom Balkon

b) *Schlägerei*

Ist die krankheitsbedingte Arbeitsverhinderung Folge der Beteiligung an Raufhändeln und Schlägereien, liegt grundsätzlich ein anspruchsausschließendes Verschulden vor, insbesondere dann, wenn der Arbeitnehmer als der aktive Teil durch sein Verhalten Tätlichkeiten provoziert hat[91]. Nur ausnahmsweise kann das Verschulden entfallen, etwa wenn ein Unbeteiligter, der selbst keinen Streit gesucht hat, in eine Schlägerei verwickelt wird[92], oder wenn der Verletzte nicht damit rechnen mußte, Opfer eines tätlichen Angriffs zu werden[93].

c) *Erkrankungen allgemein*

Wie die strenge Fassung des Verschuldensbegriffes (oben IV 1) zeigt, ist die schuldhafte Herbeiführung einer zur Verhinderung an der Arbeitsleistung führenden Krankheit ein Ausnahmetatbestand, bei dessen gerichtlicher Klärung meist Beweislastfragen eine Rolle spielen (s. unten IV 4). Ebensowenig wie es eine Pflicht des Arbeitnehmers zur eigenen Gesunderhaltung gibt, ist eine Art Vermutung dafür anzuerkennen, daß eine Erkrankung auf eigenes Verschulden zurückgeht[94]. Daher ist grundsätzlich bei Infektions-, Erkältungs-, alters- und anlagebedingten Krankheiten ein Verschulden im oben dargelegten Sinne ausgeschlossen[95], sogar bei Geschlechtskrankheiten, die durch außerehelichen Geschlechtsverkehr erworben wurden[96]. Das gleiche gilt, wenn ein Arbeitnehmer eine Arbeit übernimmt, die seine Kräfte übersteigen, denn es gibt auch keinen Grundsatz,

---

zwecks Beendigung eines Ehestreits (*ArbG Berlin,* 18. 6. 1971, DB 1971 S. 1360). In folgenden Fällen ist jedoch das Verschulden in diesem Sinne v e r n e i n t worden: Verletzung nach einem Schuhplattlertanz (*LAG Baden-Württemberg/Stuttgart,* 13. 10. 1970, DB 1970 S. 2326); Verletzung beim Brotschneiden (*ArbG Bamberg,* 8. 4. 1971, ARST 1972 S. 79 Nr. 1086); Verletzung beim Abbruch des eigenen Hauses außerhalb der Arbeitszeit (*ArbG Marburg,* 3. 7. 1963, BB 1963 S. 1421) bzw. bei Privatarbeiten auf dem eigenen Grundstück (*LAG Frankfurt a. M.,* 12. 7. 1978, EEK I/584).

91 *LAG Berlin,* 28. 9. 1962, BB 1963 S. 270; *LAG Hamm,* 6. 4. 1971, DB 1971 S. 873; *LAG Frankfurt a. M.,* 11. 9. 1972, EEK I/294; *LAG Düsseldorf,* 24. 1. 1973, EEK I/337.
92 *LAG Hamm,* 24. 8. 1972, BB 1972 S. 1324. Vgl. auch *LAG Hamm,* 5. 5. 1976, DB 1976 S. 1776.
93 *BAG,* 13. 11. 1974, AP Nr. 45 zu § 616 BGB = BB 1975 S. 471.
94 Der in einer solchen Vermutung liegende Verdacht gegen die gesamte Arbeitnehmerschaft wäre mit der Menschenwürde nicht vereinbar, *BAG,* 9. 4. 1960, AP Nr. 12 zu § 63 HGB = BB 1960 S. 663. Im Gegenteil spricht die tatsächliche Vermutung für fehlendes Verschulden, s. darüber unten IV 4.
95 *Schmatz/Fischwasser* I, § 1 LohnFG, Anm. III 2 b, S. C 130.
96 Allgemeine Meinung; vgl. *Denecke,* BB 1951 S. 58; *Nipperdey/Mohnen/Neumann,* § 616 Anm. 15; *Becher,* § 1 Rdnr. 43; *Brecht,* § 1 Anm. 35. A. A. *Würdinger,* Kommentar zum HGB, 2. Auflage 1953, Bd. I § 63 Anm. 2a.

wonach jeder verpflichtet wäre, sich nur einen seiner Gesundheit zuträglichen Arbeitsplatz zu suchen[97].

Das Verschulden beginnt sonach da, wo jemand in derart eklatanter Weise gegen die Regeln vernünftiger Lebensführung verstößt, daß eine Erkrankung die Folge sein kann, obwohl er in der Lage ist, das Unvernünftige seines Tuns einzusehen und nach dieser Einsicht zu handeln. Wer täglich den Rauch von 50 Zigaretten inhaliert und drei Liter starken Kaffee trinkt, obwohl er anfällige Bronchien und einen labilen Kreislauf hat, dürfte sich schwer tun, den Vorwurf schuldhafter Herbeiführung seiner Arbeitsunfähigkeit zu entkräften. Das gleiche gilt bei Hungerkuren, die ohne ärztliche Kontrolle als sog. „Null-Diät" durchgeführt werden[98].

Eine gesonderte Betrachtung erfordern die Fälle, in denen die Verhinderung an der Arbeitsleistung auf Trunksucht im Sinne chronischen Alkoholmißbrauchs oder Drogenabhängigkeit beruht. Die Trunksucht wird heute allgemein als Krankheit angesehen[99], deren Ursache dem Betroffenen persönlich nicht als „Schuld" im ethischen Sinne angelastet werden kann[100], und die in dem zur Arbeitsunfähigkeit führenden letzten Stadium eine der verminderten Zurechnungsfähigkeit vergleichbare Situation hervorruft. Bei der Verschuldensprüfung ist jedoch nicht auf diesen Zeitpunkt, sondern auf den Beginn des zur Trunksucht führenden Alkoholmißbrauchs abzustellen, weil in diesem Stadium heute jeder vernünftige Mensch weiß, daß übermäßiger Alkoholgenuß zur Trunksucht führt oder doch zur Trunksucht führen kann und somit eine Suchterkrankung und deren Folgen zumindest fahrlässig (und damit schuldhaft gegen sich selbst) in Kauf nimmt, wenn er dieser auch ihm zugänglichen Erfahrung zuwiderhandelt[101]. Nur wenn bereits im Zeitpunkt des Beginns des Alkoholmißbrauchs Umstände vorlagen, die zu einer Verminderung der Zurechnungsfähigkeit geführt haben (Milieuschädigung, erb-

---

97 *LAG Düsseldorf*, 14. 2. 1962, BB 1962 S. 410; *Brill*, BB 1971 S. 1374; *Schmatz/Fischwasser*, wie FN 95.
98 So auch *Schmatz/Fischwasser*, a.a.O. Für den Ausnahmefall, daß die unzulängliche Nahrungsaufnahme, die zur Arbeitsunfähigkeit führt, auf seelische Belastungen und Konflikte zurückgeht, s. *LAG Hamm*, 20. 10. 1972, EEK I/407.
99 Vgl. *BSG*, 18. 6. 1968, DOK 1968 S. 736; 22. 11. 1968, BKK 1969 S. 36 und 17. 10. 1969, MDR 1970 S. 179.
100 Vgl. zu der Frage, ob Trunksucht eine selbstverschuldete Krankheit ist, *Korkhaus*, BB 1979 S. 377.
101 *BAG*, 7. 12. 1972, AP Nr. 26 zu § 1 LohnFG = BB 1973 S. 476 und 22. 3. 1973, AP Nr. 31 zu § 1 LohnFG = BB 1973 S. 1534; *LAG Düsseldorf*, 24. 5. 1972, DB 1972 S. 1973. Vgl. aus dem Schrifttum *Doetsch/Schnabel/Paulsdorff*, § 1 Rdnr. 17; *Becher*, § 1 Rdnr. 98; *Kaiser*, § 1 Rdnr. 48; *Kehrmann/Pelikan*, § 1 Anm. 52; *Schmatz/Fischwasser* I, § 1 LohnFG Anm. III 2b, S. C 138.

liche Belastung, paranoide Erkrankungen), kann der Schuldvorwurf entfallen[102].

Auch Drogensucht wird als Krankheit im Rechtssinne angesehen[103]. Für die Frage des Verschuldens gilt das gleiche wie bei der Trunksucht, doch kann von jugendlichen Arbeitnehmern hinsichtlich der Einnahme von Rauschgift nicht dieselbe Einsichtsfähigkeit verlangt werden, die einen verständigen Menschen vom Alkoholmißbrauch abhalten sollte, so daß nicht von vornherein bei Verhinderungen an der Arbeitsleistung, die auf Einnahme von Rauschgift zurückzuführen sind, von einem Verschulden gesprochen werden kann[104].

d) *Selbstmordversuche*

Die Frage, ob der Arbeitgeber auch bei Verhinderungen an der Arbeitsleistung, die auf die Folgen eines mißglückten Selbstmordversuches zurückgehen, dem Arbeitnehmer das Entgelt fortzahlen muß, wird herkömmlicherweise bei der Erörterung des Verschuldens behandelt. Hier bestand lange keine Einigkeit.

Die überwiegende Rechtsprechung der Instanzgerichte ging dahin, bei einem ernstgemeinten, aber fehlgeschlagenen Selbsttötungsversuch das Verschulden mit der Begründung zu verneinen, daß sich der Arbeitnehmer bei einem derart schwerwiegenden Vorhaben regelmäßig in einer Situation befunden habe, deren Umstände das von einem vernünftigen Menschen im eigenen Interesse zu erwartende Verhalten und damit einen gröblichen Verstoß gegen dasselbe ausschlössen[105]. Verschulden sollte danach nur entfallen, wenn das zu seiner Bejahung erforderliche Kriterium der Verantwortlichkeit (Zurechnungsfähigkeit), hier verstanden im Sinne des § 827 BGB, nicht gegeben war, wobei schon eine erhebliche Minderung der (vom Arbeitnehmer zu beweisenden) freien Willensbestimmung ausreichen sollte[106].

Demgegenüber hatte das Bundesarbeitsgericht zunächst das Problem der Entgeltfortzahlung bei mißglücktem Selbsttötungsversuch auf die Ebene der Fürsorge- und Treuepflicht der Arbeitsvertragsparteien verlagert und vor allem mit der Erwägung, ein Selbstmordversuch liege außerhalb des vom Ar-

---

102 *LAG Frankfurt a. M.,* 13. 12. 1971, BB 1972 S. 838; *LAG Baden-Württemberg,* 21. 4. 1977, AP Nr. 39 a zu § 1 LohnFG. A. A. *Giese,* BB 1972 S. 360, der derartige subjektive Elemente als zur Bestimmung des Fahrlässigkeitsbegriffes untauglich ansieht.
103 *LAG Düsseldorf,* 19. 4. 1972, DB 1972 S. 1073; *Giese,* wie FN 102.
104 *LAG Düsseldorf* und *Giese,* a.a.O.
105 *LAG Berlin,* 16. 7. 1965, EEK I/059; *ArbG Pirmasens,* 4. 11. 1970, ARST 1971 Nr. 73; *LAG München,* 3. 11. 1971, AP Nr. 20 zu § 1 LohnFG; *LAG Baden-Württemberg/Mannheim,* 23. 2. 1972, AP Nr. 21 zu § 1 LohnFG. A. A. *ArbG Düsseldorf,* 24. 11. 1970, EEK I/117.
106 *LAG München,* wie FN 105.

beitgeber in Rechnung zu stellenden „kalkulierbaren Krankheitsrisikos", eine Verpflichtung zur Entgeltfortzahlung aus dem Gesichtspunkt von Treu und Glauben (§ 242 BGB) verneint, ohne daß es auf eine Verschuldensprüfung ankommen sollte[107]. Im Schrifttum hatte diese Rechtsprechung nur sehr vereinzelt Zustimmung[108], überwiegend z. T. herbe Kritik[109] erfahren. Wohl nicht zuletzt angesichts des größtenteils negativen Echos gab das Bundesarbeitsgericht dann in seiner Entscheidung vom 28. 2. 1979[110] seinen bisherigen Standpunkt auf und erklärte den Arbeitgeber in aller Regel auch dann für verpflichtet zur Lohnfortzahlung, wenn die Arbeitsunfähigkeit die Folge eines mißglückten Selbsttötungsversuches ist. Das Bundesarbeitsgericht sieht nunmehr auch diesen Fall vom Schutzzweck der Entgeltfortzahlungsbestimmungen umfaßt, der keine über die gesetzliche Risikoabgrenzung hinausgehende Einschränkung duldet. Da Entgeltfortzahlungsansprüche nur bei Verschulden des Arbeitnehmers ausgeschlossen sind, ohne daß es auf Art und Ursache der Krankheit ankommt (s. oben c und III 1), dürfen die Folgen eines mißglückten Selbsttötungsversuches nach der gewandelten Auffassung des Bundesarbeitsgerichts nicht anders als andere Krankheiten behandelt werden.

Bei der danach auch in diesen Fällen vorzunehmenden Verschuldensprüfung ist von dem Erfahrungssatz auszugehen, daß bei Suizidhandlungen allgemein die freie Willensbestimmung, wenn nicht ausgeschlossen, so doch in der Regel erheblich gemindert ist und daher ein Verschulden im Rechtssinne entfällt[111].

Dieser Erfahrungssatz kommt dem Arbeitnehmer im Rahmen des Anscheinsbeweises zugute (s. unten IV 4).

Gleichwohl kann es in besonders gelagerten Einzelfällen rechtsmißbräuchlich sein, bei Arbeitsunfähigkeit infolge eines gescheiterten Selbsttötungsversuches vom Arbeitgeber Entgeltfortzahlung zu verlangen[112]. Dieser Gesichtspunkt ist an späterer Stelle zu behandeln (vgl. unten X 1).

Über die vom Verschulden zu trennende Frage, ob die Geltendmachung eines Entgeltfortzahlungsanspruches gegen den Arbeitgeber rechtsmiß-

---

107 *BAG*, 7. 12. 1972, AP Nr. 25 zu § 1 LohnFG = BB 1972 S. 1071 und 6. 9. 1973, AP Nr. 34 zu § 1 LohnFG = BB 1974 S. 39.
108 *Küchenhoff*, Anm. zu AP Nrn. 25 und 26; *Kreutz*, ZfA 1973 S. 321.
109 *Birk*, Anm. zu AP Nr. 34 zu § 1 LohnFG; *Glaubitz*, SAE 1973 S. 225; *Hanau*, JZ 1974 S. 230; *Zeuner*, ArbuR 1975 S. 300; *Schneider*, MDR 1975 S. 111; *Kehrmann/Pelikan*, § 1 Anm. 53; *Krasney* in Festschrift für Karl Sieg, 1976, S. 309 ff.
110 5 AZR 611/77 –, BB 1979 S. 1243 = NJW 1979 S. 2326.
111 *BAG*, 28. 2. 1979, a.a.O. Vgl. auch die Nachweise in FN 105.
112 Diese Frage hat das BAG im Urt. vom 28. 2. 1979, wie FN 110, ausdrücklich offengelassen, weil der Streitfall insoweit keinen Anlaß bot, sich damit auseinanderzusetzen.

bräuchlich ist, wenn sich der zur Arbeitsverhinderung führende Unfall bei einer Nebentätigkeit ereignet hat, siehe unten X, 1b. Im Zusammenhang mit den dortigen Ausführungen zur unzulässigen Rechtsausübung ist auch die Frage behandelt, ob ein Fehlverhalten des Arbeitnehmers während der Krankheit zum Wegfall des Entgeltfortzahlungsanspruchs führt.

3. Entgeltfortzahlung ohne Verschuldensprüfung

Das Seemannsgesetz nennt als Voraussetzung für die Weiterzahlung der Heuer nur Erkrankung oder Verletzung des Besatzungsmitgliedes (§ 48 Abs. 1 Satz 1 und 2, § 78 Abs. 2 Satz 1 SeemG), ohne daß darauf abgestellt wird, daß diese Tatbestände unverschuldet sind. Verschulden ist nur insoweit angesprochen, als der Anspruch auf Krankenfürsorge durch den Reeder entfällt, wenn sich das Besatzungsmitglied die Krankheit oder Verletzung durch eine von ihm vorsätzlich begangene Straftat zugezogen hat (§ 50 SeemG). Diese Bestimmung, die sich auf Heilbehandlung (einschließlich Versorgung mit Arznei- und Heilmitteln), Verpflegung und Unterbringung (§ 43 SeemG) bezieht, kann wegen ihres eindeutigen Wortlautes nicht auf die Weiterzahlung der Heuer angewendet werden[113]. Sonach haben die unter das Seemannsgesetz fallenden Arbeitnehmer auch dann Anspruch nach den §§ 48 Abs. 1, 78 Abs. 2, wenn sie beim Eintreten der Erkrankung oder der Verletzung ein Verschulden trifft. Eine sinngemäße Anwendung der insoweit zu den §§ 616 BGB, 63 HGB, 133c GewO und 1 LohnFG entwickelten Grundsätze scheitert an der im Seemannsgesetz enthaltenen abschließenden Regelung[114].

Wie in jedem Falle bleibt allerdings auch hier ausnahmsweise der Einwand des Rechtsmißbrauchs gegen die Geltendmachung des Heuerfortzahlungsanspruches (vgl. unten X 1).

4. Darlegungs- und Beweislast

Die Verteilung der Behauptungslast und der Beweislast unter die Parteien eines Arbeitsgerichtsprozesses ist im Falle der Entgeltfortzahlung bei unverschuldeter krankheitsbedingter Verhinderung an der Arbeitsleistung nicht

---

113 So auch *Schmatz/Fischwasser* II, Gehaltsfortzahlung für Angestellte III 6d, S. L 337f.
114 *BAG*, 22. 11. 1962, AP Nr. 2 zu § 78 SeemG = BB 1963 S. 269; *Schmatz/Fischwasser,* wie FN 113. A. A. *Schelp/Fettback,* Kommentar zum SeemG, § 48 Anm. 3, die die Anwendbarkeit der allgemeinen Verschuldensregeln aus dem Grundsatz folgern, daß die Fürsorgepflicht des Arbeitgebers, auf der letztlich die Lohnfortzahlung beruht, nicht überspannt werden darf. Diesem Grundsatz ist jedoch aus systematischen Gründen dann nachzugehen, wenn Rechtsmißbrauch zu prüfen ist, s. unten X 1.

den einschlägigen gesetzlichen Bestimmungen zu entnehmen. Die Frage also, ob im Streitfall der klagende Arbeitnehmer Tatsachen vortragen und bei Bestreiten beweisen muß, aus denen sich ergibt, daß er ohne sein Verschulden an der Arbeitsleistung verhindert ist, oder ob der beklagte Arbeitgeber seinerseits Tatsachen vorzutragen und ggf. zu beweisen hat, die auf selbstverschuldete Arbeitsverhinderung schließen lassen, müßte sich nach dem Grundprinzip des Zivilprozeßrechts beantworten: Jede Partei trägt die Behauptungs- und Beweislast für das Vorliegen aller Voraussetzungen der ihr günstigen Norm[115]. Da die u n v e r s c h u l d e t e Verhinderung an der Arbeitsleistung zu den Voraussetzungen des Anspruchs auf Entgeltfortzahlung gehört, das Nichtvorliegen von Verschulden somit Teil der Anspruchsbegründung ist[116], müßte also die Darlegungs- und Beweislast den A r b e i t n e h m e r t r e f f e n[117].

Demgegenüber wird seit jeher gelehrt, daß der Arbeitnehmer nicht im einzelnen darzulegen und zu beweisen habe, er sei ohne sein Verschulden arbeitsunfähig geworden; vielmehr sei es danach Sache des Arbeitgebers, den Verschuldenstatbestand näher darzulegen, wenn er den Entgeltfortzahlungsanspruch trotz feststehender Arbeitsunfähigkeit des Arbeitnehmers an der Verschuldensfrage scheitern lassen wolle[118]. Wenn hiernach einerseits die Anforderungen an den zur Anspruchs b e g r ü n d u n g dienenden Sachvortrag verringert werden, weil man möglicherweise im Regelfall von einer unverschuldeten Arbeitsverhinderung ausgehen kann, und andererseits die Anforderungen an den Sachvortrag zur Anspruchsl e u g n u n g erhöht werden, weil möglicherweise verschuldete Arbeitsunfähigkeit ein Ausnahmetatbestand ist, so hat man es zunächst nur mit einer unterschiedlichen Q u a n t i f i z i e r u n g der B e h a u p t u n g s l a s t zu tun, die aber noch keineswegs eine andere als die aus den Grundsätzen des Zivilprozeßrechts abzuleitende Verteilung der Beweislast mit ihren Folgen für den Prozeßausgang bewirkt. Darum ist die aus dieser durchaus gerechtfertigten Quantifizierung der Behauptungslast abgeleitete, seit über 20 Jahren „im Gewande apodiktischer Feststellungen"[119] wiederholte Behauptung, die Darlegungs- und gegebenenfalls

---

115 *Rosenberg/Schwab*, Zivilprozeßrecht, 10. Aufl. 1969, § 114 I 2.
116 Das Nichtvorliegen von Verschulden ist im Sprachgebrauch der Zivilprozeßrechtsdogmatik eine sog. negative Voraussetzung einer Anspruchsnorm und damit von demjenigen darzutun und zu beweisen, der aus der Anspruchsnorm Rechte herleitet. Entgegen einer weitverbreiteten Meinung handelt es sich bei dem „Verschulden" n i c h t um eine nur auf Vortrag des Gegners zu beachtende Einrede (so aber unzutreffend *LAG Düsseldorf*, 30. 9. 1977, DB 1978 S. 215).
117 So *Fischer*, DB 1961 S. 1226 ff.; *Sieg*, JZ 1963 S. 162; *Krasney*, DOK 1971 S. 57 ff.; *Lepke/Schneck*, DB 1972 S. 922.
118 Vgl. *Hueck/Nipperdey* I S. 338 und Anm. 64; *Nikisch* I, S. 620; *Schelp/Trieschmann*, S. 76; *Jäger*, S. 38; *Nipperdey/Mohnen/Neumann*, § 616 Anm. 26.
119 *Birk*, Anm. zu AP Nr. 9 zu § 1 LohnFG, der zutreffend darauf aufmerksam macht, daß diese Behauptung – wie es bei sog. „herrschenden Meinungen" gelegentlich vorkommt – eigentlich nie begründet worden ist.

die Beweislast für die Verschuldensfragen bei der Entgeltfortzahlung treffe den Arbeitgeber[120], in dieser Form unzutreffend[121].

Wenn verlangt wird, der Arbeitnehmer brauche nicht im einzelnen sein Nicht-Verschulden an der krankheitsbedingten Arbeitsverhinderung darzulegen und zu beweisen, so heißt das nichts anderes, als daß bei einem zur Anspruchsbegründung gehörenden Tatbestandsmerkmal die Regeln des Anscheinsbeweises („prima-facie-Beweis") angewendet werden sollen. Diese Beweisregeln erleichtern dem Beweisbelasteten seine Beweisführung, sie beruhen bei typischen Geschehensabläufen auf der Erfahrung, daß typische Ursachen gewisse Folgen zu zeitigen pflegen, die deshalb ohne weiteren Nachweis rein erfahrungsmäßig nach dem ersten Anschein unterstellt werden dürfen. Voraussetzung dafür sind Tatbestände, die nach der Regel des Lebens auf eine bestimmte Ursache hinweisen und in einer bestimmten Richtung zu verlaufen pflegen[122]. Ein solcher Tatbestand ist auch die auf Krankheit beruhende Arbeitsunfähigkeit, für die typisch ist, daß sie nicht auf einem „Verschulden" des Arbeitnehmers beruht. Ein typischer Geschensablauf in diesem Sinne ist im Prozeß bei der Beweiswürdigung in der Weise zu berücksichtigen, daß gewissermaßen eine tatsächliche „Vermutung" zugunsten des Beweispflichtigen unterstellt wird.

Die hierin liegende Beweiserleichterung führt aber nicht – und das wird vielfach verkannt – zu einer Umkehrung der Beweislast dergestalt, daß nunmehr der Prozeßgegner, gegen den sich der Anscheinsbeweis richtet, das Gegenteil der als bewiesen angesehenen Tatsachen beweisen müßte. Von ihm wird vielmehr lediglich die Entkräftung der auf die Erfahrung gestützten (tatsächlichen) Vermutung verlangt, und dazu genügt es, daß der Prozeßgegner Tatsachen vorträgt und beweist, aus denen sich die Möglichkeit eines anderen Sachverhalts als des erfahrungsmäßigen, eines sogenannten „atypischen Geschehensablaufes" ergibt[123]. Gelingt dieser (Gegen-)Beweis, trifft die Prozeßpartei, der der Anscheinsbeweis zugute kam, die volle Beweislast.

---

120 *BAG*, 9. 4. 1960, BAGE Bd. 9 S. 163 = AP Nr. 12 zu § 63 HGB = BB 1960 S. 663; 21. 1. 1960, AP Nr. 13 zu § 1 ArbKrankhG = BB 1960 S. 326; 23. 11. 1971, AP Nr. 9 zu § 1 LohnFG = BB 1972 S. 221; *Schmatz/Fischwasser* I, § 1 LohnFG Anm. III 2c, C 140; *Doetsch/Schnabel/Paulsdorff*, § 1 Anm. 17, *Kehrmann/Pelikan*, § 1 Anm. 52; *Röhsler*, AR-Blattei Krankheit III A III Entgeltfortzahlung A Arbeiter III 1 d; *Töns*, a.a.O. C. 70; s. auch *Brecht, S. 31f.; Maus*, § 1 Anm. VI 5 S. 36f.; *Schellong*, § 1 Anm. 6.
121 *Birk* weist in der Anm. zu AP Nr. 9 zu § 1 LohnFG zu Recht darauf hin, daß sich die in FN 120 zitierten Autoren auf eine „kommentarlose Anführung" der BAG-Rechtsprechung beschränken. Diese versucht erst im Urt. vom 23. 11. 1971, wie FN 120, eine Begründung zu geben, die aber vom Standpunkt des Zivilprozeßrechts nicht überzeugt; vgl. *Birk*, a.a.O.
122 RGZ Bd. 130 S. 359; Bd. 134 S. 241; Bd. 153 S. 137; BGH, 21. 11. 1950, NJW 1951 S. 70; 17. 4. 1951, BGHZ Bd. 2 S. 1 = NJW 1951 S. 653.
123 Ständige Rechtsprechung des Reichsgerichts und Bundesgerichtshofs, vgl. außer den in FN 122 zitierten Urt.: *BGH*, 23. 5. 1952, BGHZ Bd. 6 S. 169; 18. 12. 1952, BGHZ Bd. 8

Überträgt man diese an Hand von Streitfällen aus dem See-, Binnenschifffahrts- und Straßenverkehrsrecht entwickelten Rechtsgedanken auf den Fall der Entgeltfortzahlung bei unverschuldeter Arbeitsunfähigkeit infolge Krankheit, so ist der Arbeitgeber nur für verpflichtet zu halten, Tatsachen vorzutragen und zu beweisen, die den zu Gunsten des Arbeitnehmers als erbracht angesehenen Anscheinsbeweis hinsichtlich der nichtverschuldeten Arbeitsunfähigkeit erschüttern, z. B. Trunkenheit als Unfallursache, Verletzungen bei Sportausübung, Selbstmordversuch eines Zurechnungsfähigen, Trunksucht. Die Tatsachen, mit denen ein solch „atypischer Geschehensablauf" dargetan werden soll, bedürfen allerdings des vollen Beweises, insoweit greifen die Regeln über den Anscheinsbeweis nicht Platz[124].

Es sei indessen nochmals betont, daß hier nur die Möglichkeit eines anderen als des erfahrungsmäßigen Geschehensablaufes, d. h. die Möglichkeit auch einer schuldhaften Verursachung der krankheitsbedingten Arbeitsunfähigkeit, vom Arbeitgeber bewiesen werden muß. So genügt es beispielsweise, daß die Teilnahme an einer Schlägerei nachgewiesen wird. Ist das nach freier richterlicher Beweiswürdigung der Fall, muß der Arbeitnehmer als Beweispflichtiger beweisen, daß ihn an der Arbeitsunfähigkeit kein Verschulden trifft[125].

Im Ergebnis, wenn auch nicht in der Begründung, ist somit der Rechtsprechung[126] zuzustimmen, die dem Arbeitnehmer in Ausnahmefällen die „Beweislast" aufbürdet, wenn die Umstände nach den Erfahrungen des Lebens für sein schuldhaftes Verhalten sprechen, den Anscheinsbeweis also offenbar zugunsten des „beweispflichtigen" Arbeitgebers anwendet. Diese Konstruktion ist zivilprozeßrechtlich unhaltbar, weil sie auf einer grundlegenden Verkennung der Begriffe „Anscheinsbeweis" und „Beweislast" beruht, indem dem ersteren eine Bedeutung zugelegt wird, die ihm in der Systematik des Zivilprozeßrechts nicht zukommt. Der Anscheinsbeweis ist, wie dargelegt wurde, nichts weiter als ein Bestandteil der Beweiswürdigung; diese kann nicht die von Anfang an feststehenden Regeln über die Beweislast, die sich aus der Stellung der Prozeßparteien ergeben, ändern[127].

S. 239 = NJW 1953 S. 584; 23. 9. 1969, NJW 1969 S. 2136 und 20. 6. 1978, NJW 1978 S. 2032. Auch das Bundesarbeitsgericht steht auf diesem Standpunkt; vgl. *BAG*, 29. 8. 1958, AP Nr. 1 zu § 282 ZPO = DB 1958 S. 1187 und 30. 6. 1966, AP Nr. 5 zu 282 BGB = BB 1967 S. 35.

124 *RG*, JW 1928 S. 1732; 1936 S. 3187; *BGH*, 23. 5. 1952, BGHZ Bd. 6 S. 109 = NJW 1952 S. 1137; 18. 12. 1952, wie FN 123.
125 So auch *Birk*, Anm. zu AP Nr. 9 zu § 1 LohnFG.
126 Vgl. *LAG Hamm*, 4. 3. 1966, BB 1966 S. 1066; 20. 1. 1971, BB 1971 S. 616; 6. 4. 1971, DB 1971 S. 873; *LAG Frankfurt a. M.*, 31. 1. 1972, EEK I/259; 11. 3. 1974, EEK I/449; *LAG Saarland*, 25. 6. 1975, AP Nr. 37 zu § 1 LohnFG; *BAG*, 7. 12. 1972, AP Nr. 26 zu § 1 LohnFG = BB 1973 S. 476; 22. 3. 1973, AP Nr. 31 zu § 1 LohnFG = BB 1973 S. 1534; *LAG Baden-Württemberg*, 21. 4. 1977, BB 1977 S. 1607.
127 Vgl. *Rosenberg/Schwab*, a.a.O., § 114 III 3c.

Andererseits wird die hier vertretene Auffassung[128] nicht nur den anerkannten Beweisregeln des Zivilprozeßrechts, sondern auch der besonderen Interessenlage im Arbeitsgerichtsprozeß gerecht: Dem klagenden Arbeitnehmer wird der Beweis der anspruchsbegründenden Tatsachen erleichtert, indem zu seinen Gunsten prima facie unterstellt wird, daß ihn kein Verschulden an seiner krankheitsbedingten Arbeitsunfähigkeit trifft. Dieser Anscheinsbeweis verhindert im Regelfall B e w e i s n o t und damit eine Gefährdung des Entgeltfortzahlungsanspruchs. Wo es dem beklagten Arbeitgeber ausnahmsweise gelingt, den Anscheinsbeweis durch den Nachweis der Möglichkeit eines a t y p i s c h e n G e s c h e h e n s a b l a u f s zu erschüttern, handelt es sich regelmäßig um Fälle (Alkoholmißbrauch, Schlägerei, Sportverletzungen), in denen es nicht unbillig erscheint, dem Arbeitnehmer die volle Beweislast hinsichtlich des Nicht-Verschuldens zu belassen, da allein er (und nicht der Arbeitgeber!) zu den in s e i n e r p r i v a t e n S p h ä r e liegenden Umständen, aus denen sich ein Nichtverschulden ergeben kann, rechtlich einwandfreien Zugang hat[129].

5. Rechtslage bei Drittverschulden

a) *Problematik*

Der Entgeltfortzahlungsanspruch wird nicht dadurch berührt, daß ein Dritter die krankheitsbedingte Arbeitsverhinderung verursacht hat. Bei schuldhaftem Handeln des Dritten oder im Falle der Gefährdungshaftung (§ 7 StVG) hat der Arbeitnehmer gegen jenen außerdem einen S c h a d e n s e r s a t z a n s p r u c h, der auch das ausgefallene Entgelt umfaßt. Dem Schädiger kommt nicht zugute, daß der Arbeitnehmer von seinem Arbeitgeber die Fortzahlung des Arbeitsentgelts verlangen kann[130]. Allerdings würde der Arbeitnehmer doppelt entschädigt, wenn er seinen Schadensersatzanspruch unmittelbar gegen den Schädiger geltend machen könnte. Daher kann er, sofern sein An-

---

128 Die gegenteilige Auffassung in *meinem* Kommentar zum LohnFG, § 1 Anm. 29, wird ausdrücklich aufgegeben.
129 So auch *Birk*, Anm. zu AP Nr. 9 zu § 1 LohnFG, Blatt 334 Rücks. Völlig verfehlt *LAG Frankfurt a. M.*, 18. 2. 1976, VersR 1976 S. 1128, das dem Arbeitgeber (!) den Beweis dafür auferlegt, der Arbeitnehmer sei schuldhaft in eine Schlägerei verwickelt worden.
130 Vgl. *BGH*, 19. 6. 1952, BGHZ Bd. 7 S. 48 = NJW 1952 S. 1249; 22. 6. 1956, BGHZ Bd. 21 S. 112 = NJW 1956 S. 1473; 13. 10. 1970, NJW 1971 S. 240; *Becher*, § 4 Anm. 1; *Brecht*, § 4 Anm. 1; *Doetsch/Schnabel/Paulsdorff*, § 4 Anm. 1; *Kehrmann/Pelikan*, § 4 Rdnr. 1; *Marienhagen*, § 4 Anm. 1; a. A. *Bickel*, DB 1970 S. 1128, der einen Schadensersatzanspruch wegen des Nichtentstehens eines Verdienstausfalles verneint. Bei dieser vordergründigen Betrachtung wird aber übersehen, daß nach allgemeinen Rechtsgrundsätzen (§ 843 Abs. 4 BGB) die Leistungen eines anderen an den Geschädigten dem Schädiger nicht zugute kommen sollen; vgl. dazu *LG Hannover*, 20. 11. 1973, BB 1974 S. 40 und *Wussow*, Tz. 1013 ff., 1233.

spruch nicht ohnehin übergangen ist (s. unten), nur auf Leistung an den Arbeitgeber klagen[131].

Dieser hat dagegen, abgesehen vom Fall des § 4 LohnFG, kraft eigenen Rechtes keinen Anspruch gegen den Schädiger. Soweit also der besonders zu erörternde Forderungsübergang nach jener Vorschrift nicht eingreift, kann der Arbeitgeber nur aus abgetretenem Recht (§ 398 BGB) gegen den Schädiger vorgehen. Dabei ist zweifelhaft, worauf sich eine Verpflichtung des Arbeitnehmers zur Abtretung seiner Schadensersatzansprüche gründet. Hier werden eine analoge Anwendung des § 255 BGB, der einen der Vorteilsausgleichung ähnlichen Rechtsgedanken enthält, und des § 4 LohnFG vorgeschlagen[132]. In der Praxis kann man Auseinandersetzungen über eine mögliche Rechtsgrundlage vermeiden, indem man eine Abtretungsverpflichtung kollektivrechtlich, etwa in der Arbeitsordnung, oder einzelvertraglich besonders statuiert[133]. Bei Arbeitern ist der Forderungsübergang in § 4 LohnFG ausdrücklich geregelt.

b) *Voraussetzungen des gesetzlichen Forderungsüberganges*

§ 4 LohnFG ist dem § 1542 RVO und dem § 87a BBG nachgebildet. Voraussetzung für den gesetzlichen Forderungsübergang nach dieser Vorschrift ist zunächst, daß der Arbeitnehmer auf Grund gesetzlicher Vorschriften von einem Dritten Schadensersatz wegen Verdienstausfalles beanspruchen kann. Hier kommen vor allem die Bestimmungen des BGB über unerlaubte Handlungen (§§ 823 ff.) in Betracht. Hauptanwendungsfälle dürften in der Praxis von Dritten schuldhaft verursachte Verkehrsunfälle sein, doch gehören hierher auch Schadensersatzansprüche, die kein Verschulden voraussetzen (Gefährdungshaftung, z. B. des Tierhalters nach § 833 BGB oder nach § 7 StVG im Rahmen der Höchstbeträge des § 12 StVG) und solche, die auf fahrlässiger Amtspflichtverletzung i. S. des § 839 BGB beruhen, da die Lohnfortzahlung kein anderweitiger Ersatzanspruch ist, der nach dem Subsidiaritätsprinzip des § 839 Abs. 2 Satz 2 BGB den Amtshaftungsanspruch ausschließen würde[134].

Der Forderungsübergang erfaßt nur solche Ansprüche, die der Arbeitnehmer selbst geltend machen kann, d. h. soweit einer Geltendmachung nicht der

---

131 *Schmatz/Fischwasser* II, Gehaltsfortzahlung für Angestellte III 6c, S. L 336.
132 Für analoge Anwendung des § 255 BGB *Palandt/Heinrichs*, Vorbemerkung 7 cc) vor § 249 und § 616 Anm. 5 sowie *Schmatz/Fischwasser*, wie FN 131; für analoge Anwendung des § 4 LohnFG *Neumann-Duesberg*, BB 1970 S. 493, der hier eine offene Regelungslücke annimmt.
133 Formulierungsvorschlag s. Heidelberger Musterverträge Nr. 3 (Dauerarbeitsverträge mit Angestellten), 8. Auflage, S. 8 – § 11 b –.
134 *BGH*, 20. 6. 1974, BGHZ Bd. 62 S. 380 = AP Nr. 1 zu § 4 LohnFG = BB 1974 S. 1120 = NJW 1974 S. 1767.

Einwand der unzulässigen Rechtsausübung (s. unten X 1, 2) entgegensteht, was z. B. bei Verletzungen aus sportlichen Wettkämpfen der Fall sein kann[135], und erstreckt sich nur auf Ersatz des Verdienstausfalles[136]. Wird also beispielsweise ein Arbeitnehmer bei einem Verkehrsunfall getötet, so gehen auf den Arbeitgeber wegen der von ihm an die Hinterbliebenen erbrachten Leistungen (tarifliches Sterbegeld) keine Ersatzansprüche gegen den Schädiger oder dessen Haftpflichtversicherer über[137]. Ebensowenig sind Schmerzensgeldansprüche oder Ansprüche auf Ersatz von Sachschäden Gegenstand der Legalzession.

Erforderlich ist ferner ein gegen einen Dritten bestehender Schadensersatzanspruch. „Dritte" in diesem Sinne sind weder Arbeitskollegen des Arbeitnehmers noch die mit ihm in häuslicher Gemeinschaft lebenden Familienangehörigen:

Beruht die krankheitsbedingte Verhinderung an der Arbeitsleistung auf einem Unfall, den ein im Betrieb tätiger Arbeitskollege fahrlässig verursacht hat, so entfällt nach den §§ 636, 637 Abs. 1 RVO für diesen eine Ersatzpflicht; ein gesetzlicher Forderungsübergang findet also nicht statt[138]. Eine entsprechende Anwendung des § 640 RVO, der bei vorsätzlicher oder grob fahrlässiger Herbeiführung des Unfalls eine Haftung für die Aufwendungen der Sozialversicherungsträger vorsieht, kommt hinsichtlich der Arbeitgeberleistungen nicht in Betracht, weil die genannte Vorschrift ausdrücklich auf Leistungen des Versicherungsträgers beschränkt ist[139]. Andererseits greift der Haftungsausschluß nach § 637 Abs. 1 i. V. m. § 636 RVO auch zugunsten sog. Leiharbeitnehmer ein, die vorübergehend in den Betrieb des Arbeitgebers eingegliedert sind[140].

Hat ein Familienangehöriger des Geschädigten einen Schaden verursacht, so ist bekanntlich der gesetzliche Forderungsübergang nach § 67 Abs. 2 VVG ausgeschlossen. Die Gründe für diese Beschränkung der Legalzession liegen zum einen darin, daß im Interesse der Erhaltung des Familienfriedens Streitigkeiten über die Verantwortlichkeit einer Schadenszufügung nicht in der Familie ausgetragen werden sollen; zum anderen soll nach dem Zweck des § 67 Abs. 2 VVG dem Geschädigten die Ersatzleistung nicht da-

---

135 Vgl. *BGH,* 5. 11. 1974, BGHZ Bd. 63 S. 140 = NJW 1975 S. 109.
136 *Brecht,* § 4 Anm. 5; *Kaiser,* § 4 Anm. 4; *Schmatz/Fischwasser,* I, § 4 LohnFG Anm. II 1, S. C 404.
137 So *LG Bielefeld,* 23. 3. 1979, MDR 1980 S. 144.
138 Vgl. *BGH,* 10. 11. 1970, EEK I/163; *LAG Düsseldorf/Köln,* 14. 10 1976, DB 1976 S. 2360.
139 *LAG Düsseldorf/Köln,* wie FN 138.
140 Ein „Leiharbeitnehmer" ist in den Betrieb eingegliedert, wenn der Unternehmer des Unfallbetriebes gegenüber dem abgeordneten Arbeitnehmer Weisungsbefugnis hat und zur Fürsorge verpflichtet ist; vgl. *BAG,* 15. 2. 1974, AP Nr. 7 zu § 637 RVO = BB 1974 S. 885 und 23. 2. 1978, AP Nr. 9 zu § 637 RVO = BB 1978 S. 1522.

durch wieder mittelbar entzogen werden, daß der zur Familie gehörende Schädiger von der Versicherung in Regreß genommen wird. Diese Erwägungen, die als „fragmentarischer Ausdruck eines allgemeinen Rechtsgedankens"[141] bereits bei den Rückgriffstatbeständen aus § 1542 RVO und § 87a BBG zu einer entsprechenden Beschränkung der Legalzession auch ohne ausdrückliche gesetzliche Regelung geführt hatten[142], bewirken auch im Falle des § 4 LohnFG, daß ein Forderungsübergang auf den Arbeitgeber hinsichtlich des fortgezahlten Arbeitsentgelts nicht stattfindet, wenn der Arbeitnehmer etwa infolge eines von seinem Ehegatten verschuldeten Verkehrsunfalles arbeitsunfähig geworden ist, weil hier insbesondere der mit der Entgeltfortzahlung verfolgte Schutzzweck eine analoge Anwendung des § 67 Abs. 2 VVG gebietet[143].

Schließlich ist Voraussetzung für den Forderungsübergang die **tatsächliche Lohnfortzahlung** durch den Arbeitgeber. Im Gegensatz zu § 1542 RVO und § 87a BBG stellt § 4 LohnFG nicht auf den gesetzlichen Anspruch des geschädigten Arbeitnehmers, sondern auf die Befriedigung dieses Anspruchs durch den Arbeitgeber ab. Der Forderungsübergang tritt also nur ein, soweit der Arbeitgeber bereits Zahlungen auf Grund des LohnFG geleistet hat, ohne daß es darauf ankommt, ob dem Arbeitnehmer bei dem Ereignis, das zur krankheitsbedingten Verhinderung an der Arbeitsleistung führte, ein den Entgeltfortzahlungsanspruch möglicherweise ausschließendes **Mitverschulden** trifft[144]. Andererseits erstreckt sich die Legalzession des § 4 LohnFG nur auf den nach diesem Gesetz für sechs Wochen gegebenen Entgeltfortzahlungsanspruch, nicht auf solche Leistungen, die der Arbeitgeber außerhalb des LohnFG[145] oder über die gesetzliche Höchstdauer hinaus auf

---

141 So *Hanau*, BB 1968 S. 1045.
142 Vgl. *BGH*, 11. 2. 1964, BGHZ Bd. 41 S. 79 = NJW 1964 S. 860; 18. 1. 1965, BGHZ Bd. 43 S. 72 = NJW 1965 S. 907; 9. 1. 1968, NJW 1968 S. 649; 14. 7. 1970, BGHZ Bd. 54 S. 256 = NJW 1970, S. 1844; 30. 6. 1971, NJW 1971 S. 1939; 9. 5. 1972, NJW 1972 S. 1372 und 21. 9. 1976, FamRZ 1977 S. 35. Der Ausschluß des Rückgriffs eines Sozialversicherungsträgers in entsprechender Anwendung des § 67 Abs. 2 VVG gilt nunmehr für alle Zweige der Sozialversicherung; vgl. neuestens *BGH*, 15. 1. 1980 – VI ZR 270/78 –, FamRZ 1980 S. 348.
143 *BGH*, 4. 3. 1976, BGHZ Bd. 66 S. 104 = NJW 1976 S. 1208 = BB 1976 S. 1028; OLG Hamm, 17. 1. 1975, DB 1975, S. 939; *OLG Celle*, 22. 5. 1975, VersR 1976 S. 93.
144 *OLG Düsseldorf*, 26. 6. 1976, AP Nr. 3 zu § 4 LohnFG = BB 1976 S. 1075. A. A. *Schmatz/Fischwasser* I, § 4 LohnFG Anm. II 2, S. C 407, die in diesem Falle den gesetzlichen Forderungsübergang deswegen ablehnen, weil es sich nicht um Leistungen „nach dem LohnFG" handele. Die bei *Schmatz/Fischwasser* sonst nicht anzutreffende, übertrieben formalistische Betrachtungsweise verkennt nicht nur den Zweck des § 4 LohnFG als Schutzbestimmung zugunsten des Arbeitgebers, sondern auch die praktischen Schwierigkeiten bei der Durchsetzung eines Regresses, auf die das *OLG Düsseldorf*, a.a.O., zutreffend hinweist.
145 Das sind Leistungen an Personen, die nach Abs. 3 des § 1 LohnFG keinen Anspruch auf Lohnfortzahlung haben, so kurzzeitig oder geringfügig Beschäftigte und Frauen mit Anspruch auf Mutterschaftsgeld.

Grund kollektivrechtlicher (tarifvertraglicher) oder einzelvertraglicher Regelung erbringt[146].

c) *Umfang der Legalzession*

Auf Grund des gesetzlichen Forderungsüberganges kann der Arbeitgeber, sofern die dargelegten Voraussetzungen gegeben sind, in Höhe des an den Arbeitnehmer fortgezahlten Arbeitsentgelts (s. unten VIII 2, 3) sowie der darauf entfallenden Arbeitgeberanteile an den Soziallasten von dem Schädiger bzw. dessen Haftpflichtversicherer Ersatz verlangen. Die Ersatzpflicht umfaßt alle Leistungen, auf die der Arbeitnehmer infolge Verwertung seiner Arbeitskraft einen laufenden Anspruch hat und die ihm nun wegen der zeitweisen Verhinderung an der Arbeitsleistung ohne die zu seinem Schutz bestehenden gesetzlichen, tariflichen oder einzelvertraglichen Regelungen entgehen würden[147], außerdem die anteiligen Arbeitgeberbeiträge zu den Sozialkassen des Baugewerbes, den Arbeitgeberbeitrag für die Krankenversicherung während Schlechtwettergeldbezug (§ 163 Abs. 2 AFG) sowie das auf die Dauer der schädigungsbedingten Verhinderung an der Arbeitsleistung entfallende Wintergeld nach § 74 Abs. 3 Nr. 2a und § 80 AFG, nicht jedoch die Umlage nach § 186a AFG für die Produktive Winterbauförderung[148] und vor allem nicht die Beiträge des Arbeitgebers zur gesetzlichen Unfallversicherung (Berufsgenossenschaftsbeiträge), weil es sich bei diesen um eigenständige, allein in den wirtschaftlichen Zuständigkeitsbereich des Arbeitgebers fallende Leistungen handelt, die als genossenschaftliche Umlage nicht dem Entgelt des einzelnen Arbeitnehmers und damit weder dem Arbeitsvertrags- noch dem Schadensersatzrecht zugerechnet werden können[149].

Eine weitere Beschränkung des Forderungsüberganges ergibt sich aus § 4 Abs. 3 LohnFG, wonach die Legalzession nicht zum Nachteil des Arbeitnehmers geltend gemacht werden kann. Damit ist ein Quotenvorrecht des Arbeitgebers für den Fall ausgeschlossen, daß das Vermögen des Schädigers nicht ausreicht, alle von ihm Geschädigten zu befriedigen, oder daß wegen

---

146 *Brecht*, § 4 Anm. 7; *Kaiser*, § 4 Anm. 6; *Schmatz/Fischwasser* I, § 4 LohnFG Anm. II 2, S. C 407. Hat der Arbeitgeber irrtümlich den Lohn weitergezahlt, obwohl keine gesetzliche oder vertragliche Verpflichtung dazu bestand, kann die Leistung entweder nach den Grundsätzen der ungerechtfertigten Bereicherung zurückgefordert oder gegen spätere Lohnansprüche aufgerechnet werden; vgl. dazu *Schmatz/Fischwasser*, a.a.O., m. w. N.
147 *BGH*, 11. 11. 1975, NJW 1976 S. 366 = BB 1976 S. 38.
148 Vgl. *OLG Oldenburg*, 23. 4. 1975, BB 1975 S. 745 = VersR 1975 S. 719; *KG*, 16. 12. 1976, BB 1977 S. 143.
149 So zutreffend *BGH*, 11. 11. 1975, NJW 1976 S. 326 = BB 1976 S. 38. Vgl. ferner *OLG Koblenz*, 30. 9. 1974, NJW 1975 S. 881 und *OLG Oldenburg*, 23. 4. 1975, BB 1975 S. 745; *Kehrmann/Pelikan*, § 4 Rdnr. 5; *Schmatz/Fischwasser* I, § 4 LohnFG Anm. II 3, S. C 409 m.w. N.; a. A. nur *Brecht*, § 4 Anm. 8 und einige Urt. der Untergerichte aus früherer Zeit.

der Reduzierung des Schadensersatzanspruches durch Mitverschulden des Arbeitnehmers nicht alle Gläubiger befriedigt werden können[150]. Vgl. auch nachfolgend d).

d) *Anspruchskonkurrenz und Quotenvorrecht*

Neben der Legalzession des § 4 LohnFG bleibt ein gesetzlicher Forderungsübergang nach § 1542 RVO auf den Träger der Sozialversicherung, insbesondere die Krankenkasse, möglich. Dies kann zu einem Gesamtgläubigerverhältnis nach § 428 BGB führen, dessen Wesen darin besteht, daß der Schuldner, wenn er die Leistung nur einmal erbringen muß, diese aber von jedem einzelnen einer Mehrheit von Gläubigern in voller Höhe gefordert werden kann, nach seinem Belieben nur an einen einzigen Gläubiger zu leisten braucht. Gesamtgläubigerschaft in diesem Sinne kommt kraft Gesetzes praktisch nur bei **gleichzeitigem Rechtsübergang** auf verschiedene Versicherungs- und Versorgungsträger nach § 87a BBG oder § 1542 RVO zustande, die zu echter Anspruchskonkurrenz mit der Folge der Ausgleichungspflicht nach § 430 BGB führt[151]. Diese Fälle sind relativ selten, weil sich die Legalzession nach § 4 LohnFG sachlich auf den Ersatzanspruch wegen Verdienstausfalles und zeitlich auf den Zeitraum der vollen Lohnfortzahlung beschränkt, während für den Forderungsübergang nach § 1542 RVO gleichfalls der Grundsatz der sachlichen und zeitlichen Kongruenz zwischen den Leistungen der gesetzlichen Krankenversicherung (Krankenpflege, Krankengeld) und den entsprechenden Ansprüchen gegen den ersatzpflichtigen Dritten gilt, es sich also um verschiedene Ansprüche handelt. Anspruchskonkurrenz tritt nur dann auf, wenn die Krankenkasse **Krankenhauspflege** während des Entgeltfortzahlungszeitraumes gewährt. Insoweit gibt das **Quotenvorrecht** des öffentlichen Versicherungsträgers den Ausschlag dergestalt, daß sich der auf den Arbeitgeber übergehende Ersatzanspruch um die durch den Krankenhausaufenthalt ersparten Verpflegungskosten verringert[152]. Hinsichtlich der Höhe beschränkt sich dieser Quotenanteil des Arbeitgebers auf die Beträge, die der verletzte Arbeitnehmer außerhalb des Krankenhauses für seine Verpflegung aufgewendet hätte; insoweit können die Werte der jeweils geltenden Sachbezugsverordnung (s. unten VIII 3b) als Anhalt dienen.

---

150 Vgl. *Brecht*, § 4 Anm. 9 und 12; *Doetsch/Schnabel/Paulsdorff*, § 4 Anm. 4; *Kaiser*, § 4 Anm. 11; *Kehrmann/Pelikan*, § 4 Rdnr. 4; *Schmatz/Fischwasser* I, § 4 LohnFG Anm. II 3, S. C 410; s. ferner *Schmidt*, VersR 1972 S. 28; *Bomhard*, VersR 1974 S. 316; *Mittelmeier*, VersR 1974 S. 1055.
151 Vgl. *BGH*, 17. 11. 1959, NJW 1960 S. 381.
152 Grundlegend zum Quotenvorrecht *BGH*, 20. 5. 1958, LM Nr. 20 zu § 1542 RVO = VersR 1958 S. 454; 13. 7. 1972, AP Nr. 14 = LM Nr. 77 zu § 1542 RVO = NJW 1972 S. 1860; s. ferner *BGH*, 18. 5. 1965, AP Nr. 8 zu § 1542 RVO = NJW 1965 S. 1592; *KG*, 18. 4. 1974, BB 1974 S. 1072; *LG Köln*, 5. 1. 1973, MDR 1973 S. 497.

Seine größte Rolle spielt das Quotenvorrecht in den Fällen, in denen die Schadensersatzforderung entweder bei Gefährdungshaftung (§ 12 StVG, § 37 Luftverkehrsgesetz) kraft Gesetzes oder wegen Mitverschuldens des Arbeitnehmers der Höhe nach begrenzt ist. In der „Gesamtgläubigerschaft" Sozialversicherungsträger – Arbeitnehmer – Arbeitgeber hat der erstgenannte eindeutig die stärkste, der letztgenannte zweifellos die schwächste Position, weil einerseits die Ansprüche des Sozialversicherungsträgers vorab zu erfüllen sind[153], und andererseits der Forderungsübergang nach § 4 Abs. 3 LohnFG nicht zum Nachteil des Arbeitnehmers geltend gemacht werden kann. In der Praxis führt das nicht selten dazu, daß der Regreß des Arbeitgebers gegen den Schadensverursacher nicht zu realisieren ist. Dagegen liegt echte Gläubigerkonkurrenz unter Ausschluß des Quotenvorrechts vor, wenn der Schädiger den vollen Schaden decken muß[154].

V. Beginn und Dauer der Entgeltfortzahlung

1. Beginn der Entgeltfortzahlung

Voraussetzung für den Beginn der Entgeltfortzahlung ist das Bestehen eines gewissermaßen „aktivierten" Arbeitsverhältnisses, d. h. eines solchen, in dem die beiderseitigen Hauptpflichten (Arbeitspflicht des Arbeitnehmers, Lohn- bzw. Gehaltszahlungspflicht des Arbeitgebers) voll in Kraft sind. Soweit hieraus der Grundsatz abzuleiten ist, daß ein Anspruch auf Entgeltfortzahlung wegen krankheitsbedingter Arbeitsverhinderung nicht besteht, wenn und soweit der Arbeitnehmer auch ohne die Krankheit nicht hätte arbeiten können oder müssen, sind die damit zusammenhängenden Fragen bei der oben III 3) behandelten Kausalität zwischen Krankheit und Arbeitsverhinderung erörtert. Hier sind vielmehr die Fälle angesprochen, in denen die zur Arbeitsunfähigkeit führende Krankheit zu einem Zeitpunkt eintritt, in dem entweder die genannten Hauptpflichten aus einem neu begründeten Arbeitsverhältnis noch nicht begonnen haben oder während eines bestehenden Arbeitsverhältnisses vorübergehend ruhen.

Im Falle des Eintritts der Arbeitsunfähigkeit nach rechtlicher Begründung des Arbeitsverhältnisses (Abschluß des Arbeitsvertrages), aber vor Auf-

---

153 Vgl. *BGH*, 25. 10. 1960, LM Nr. 32 zu § 1542 RVO = NJW 1961 S. 216; 28. 2. 1961, AP Nr. 5 zu § 1542 RVO; 29. 10. 1968, NJW 1969 S. 98 = BB 1968 S. 1491 und 13. 7. 1972, AP Nr. 14 zu § 1542 RVO = LM Nr. 77 zu § 1542 RVO = NJW 1972 S. 1860; *Brecht*, § 4 Anm. 15; *Schmatz/Fischwasser* I, § 4 LohnFG Anm. IV, S. C 412; a. A. *Kehrmann/Pelikan*, § 4 Rdnr. 12.
154 *BGH*, 17. 11. 1959, NJW 1960 S. 381.

nahme der Tätigkeit ist die im übrigen weitestgehend verwirklichte **Gleichstellung von Angestellten und Arbeitern** (vgl. Einleitung) noch **nicht** erreicht: Bei Angestellten, die in der Zeit zwischen Vertragsschluß und erstmaligem Dienstantritt arbeitsunfähig erkranken, entsteht der Anspruch zwar **mit dem Eintritt** der krankheitsbedingten Arbeitsverhinderung, kann jedoch gegen den neuen Arbeitgeber[155] erst vom Tage der **vereinbarten Tätigkeitsaufnahme** an für den bis dahin noch nicht abgelaufenen Teil der Sechswochenfrist geltend gemacht werden[156]. Arbeiter haben dagegen ohne Rücksicht auf die rechtliche Begründung des Arbeitsverhältnisses erst mit der **tatsächlichen Arbeitsaufnahme** Anspruch auf den Krankenlohn (Entgeltfortzahlung), da § 1 LohnFG eindeutig darauf abstellt, daß die krankheitsbedingte Arbeitsverhinderung „nach Beginn der Beschäftigung" eingetreten sein muß.

Die Frage, welcher Zeitpunkt als „Beginn der Beschäftigung" i.S. des § 1 LohnFG anzusehen ist, wird bedeutsam, wenn sich die zur krankheitsbedingten Arbeitsunfähigkeit führenden Umstände auf dem **ersten Gang zur Arbeit** ereignen. Eine enge, sich ausschließlich am Gesetzeswortlaut orientierende Auffassung sieht als Beschäftigungsbeginn die mit dem erstmaligen Betreten des Betriebsgeländes vollzogene **Eingliederung in den Betrieb** an und versagt demzufolge den Entgeltfortzahlungsanspruch, wenn die Arbeitsunfähigkeit zu einem früheren Zeitpunkt eintritt[157]. Eine extensive, auf die Entstehungsgeschichte des Gesetzes[158] und die sozialversicherungsrechtliche Betrachtungsweise zum Wegeunfall[159] abstellende Auslegung sieht dagegen den erstmaligen Gang zur Arbeit als Beginn der Beschäftigung an[160]. Das Bundesarbeitsgericht hatte sich dem mit der Begründung ange-

---

155 Befand sich der Angestellte im Zeitpunkt der Erkrankung noch in einem früheren Arbeitsverhältnis, so zählt bei der Sechswochenfrist im neuen Arbeitsverhältnis die Zeit der Gehaltsfortzahlung durch den früheren Arbeitgeber mit; vgl. *ArbG Gelsenkirchen*, 24. 5. 1967, BB 1967 S. 882; *Landmann/Rohmer*, § 133c Rdnr. 23; *Schmatz/Fischwasser* II, Gehaltsfortzahlung für Angestellte IV 1 d aa), S. L 413.
156 *BAG*, 27. 1. 1972, AP Nr. 14 zu § 1 LohnFG = BB 1972 S. 661 und 10. 6. 1972, AP Nr. 23 zu § 1 LohnFG = BB 1972 S. 1004; *LAG Düsseldorf*, 22. 3. 1967, EEK I/052; *LAG Frankfurt a. M.*, 13. 12. 1971, EEK I/289.
157 So *Doetsch/Schnabel/Paulsdorff*, § 1 Anm. 15; *Kaiser*, § 1 Anm. 37; *Töns*, C, § 1 A II 2; *Trieschmann*, BArbBl. 1969 S. 533; einschränkend *Schmatz/Fischwasser* I, § 1 LohnFG Anm. III 3 S. C 146.
158 Vgl. den Schriftlichen Bericht des Bundestagsausschusses für Arbeit (19. Ausschuß) zu BTDrucks. V/4285 vom 7. 6. 1969, S. 3.
159 Der Weg zur Arbeitsstätte beginnt an der Haustüre der Wohnung, die die Grenze des „häuslichen Wirkungsbereiches " bildet., vgl. *BSG*, 13. 3. 1956, BSGE Bd. 2 S. 239 in Fortführung der Rechtsprechung des *RVA*; *LSG Darmstadt*, 30. 4. 1957, BB 1957 S. 861.
160 So *Becher*, § 1 Rdnr. 12; *Brecht*, § 1 Anm. 6; *Kehrmann/Pelikan*, § 1 Rdnr. 45; *Spix/Papenheim*, S. 6; *Schellong*, § 1 Anm. 4; *Jäger*, S. 59; *Röhsler*, AR-Blattei D, Krankheit des Arbeitnehmers III A III Entgeltfortzahlung III 2 a, bb.

schlossen, das Lohnfortzahlungsgesetz beabsichtige, dem Arbeiter im Krankheitsfalle möglichst die gleiche Rechtsstellung wie den Angestellten einzuräumen[161].

Dieser Auffassung ist gegenüber der engen Auslegung deswegen der Vorzug zu geben, weil sie den tatsächlichen Verhältnissen am ehesten gerecht wird. Der Arbeitnehmer, der sich auf Anordnung des Arbeitgebers zu einem bestimmten Zeitpunkt an seiner Arbeitsstelle einfinden und sich deshalb rechtzeitig auf den Weg machen muß, steht bereits insoweit unter dem Weisungsrecht des Arbeitgebers als dem entscheidenden Kriterium der Beschäftigung. Wird also der erste Weg zur Arbeit, was regelmäßig der Fall sein dürfte, auf Weisung des Arbeitgebers angetreten, so kann etwa ein auf diesem Weg erlittener Unfall den Lohnfortzahlungsanspruch auslösen[162]. Dabei macht es keinen Unterschied, ob sich die Wohnung und die Arbeitsstätte des Arbeitnehmers in ein und demselben Ort befinden oder ob der Arbeitnehmer Pendler ist[163].

Grundsätzlich keinen Einfluß auf den Beginn der Entgeltfortzahlung hat der sog. mißglückte Arbeitsversuch. Unter diesem aus der Rechtsprechung zur gesetzlichen Krankenversicherung stammenden Begriff versteht man eine Beschäftigung, zu deren Ausübung der Arbeitnehmer infolge einer bereits bei der Arbeitsaufnahme bestehenden Krankheit nicht oder nur unter schwerwiegender Gefährdung seiner Gesundheit fähig ist und die deshalb entsprechend der hierauf zu gründenden Erwartung noch vor Ablauf einer wirtschaftlich ins Gewicht fallenden Zeit endet[164]. Ein in diesem Sinne mißglückter Arbeitsversuch begründet kein versicherungspflichtiges Beschäftigungsverhältnis im Sinne der gesetzlichen Krankenversicherung und damit keine Leistungspflicht des Krankenversicherungsträgers. Die Rechtfertigung für die Verneinung der Versicherungspflicht kann man entweder der Notwendigkeit einer Mißbrauchsabwehr oder der Erwägung entnehmen, daß in einem am Versicherungsprinzip orientierten Leistungssystem jeder Versicherte zumindest der Möglichkeit nach zugleich Leistungsempfänger und Beitragszahler sein muß und daher niemand Mitglied der Versichertengemeinschaft werden kann, der von vornherein wegen Arbeitsunfähigkeit als Beitragszahler ausscheidet[165].

---

161 Urt. vom 27. 1. 1972, AP Nr. 14 zu § 1 LohnFG = BB 1972 S. 661.
162 Vgl. *LAG Niedersachsen*, 11. 6. 1970, BB 1971 S. 615 und *Schmatz/Fischwasser* I, § 1 LohnFG Anm. III 3 S. C 146; vgl. demgegenüber *BAG*, 10. 6. 1972, AP Nr. 23 zu § 1 LohnFG = BB 1972 S. 1004, das eine Ausnahme für den Fall der A n r e i s e zum neuen Beschäftigungsort gelten lassen will. Diese Einschränkung dürfte nicht gerechtfertigt sein, worauf *Gitter*, Anm. zu AP Nr. 23 zu § 1 LohnFG, zutreffend hinweist.
163 *BAG*, 10. 6. 1972, wie FN 162.
164 *BSG*, 10. 11. 1970, EEK I/123; 4. 10. 1973, EEK I/351; 22. 2. 1974, EEK I/395 und 19. 12. 1974, EEK I/447.
165 *BSG*, 10. 11. 1970, wie FN 164, S. 7 der Gründe.

Diese als Ergebnis freier Rechtsschöpfung im Wege richterlicher Rechtsfortbildung[166] für das Sozialversicherungsrecht gefundenen Gesichtspunkte spielen im Verhältnis des zur Erbringung seiner Arbeitsleistung verpflichteten Arbeitnehmers zum lohnzahlungspflichtigen Arbeitgeber keine Rolle. Hat der Arbeitnehmer seine Tätigkeit aufgenommen, so kann der Entgeltfortzahlungsanspruch logischerweise nicht mit der Begründung versagt werden, der Arbeitnehmer sei bereits vor Beginn der Beschäftigung „arbeitsunfähig" gewesen[167]. In den immerhin denkbaren Fällen, daß ein tatsächlich arbeitsunfähig Kranker unter Verheimlichung seines Zustandes den Abschluß eines Arbeitsvertrages gewissermaßen erschleicht, kann die Anwendung allgemeiner Rechtsbehelfe (Anfechtung des Arbeitsvertrages wegen arglistiger Täuschung, Einwand des Rechtsmißbrauchs) unbillige Ergebnisse verhindern (s. hierüber unten X.).

Der eingangs dieses Abschnittes aufgestellte Grundsatz, daß der Entgeltfortzahlungsanspruch ein voll „aktiviertes" Arbeitsverhältnis voraussetzt, gilt auch dann, wenn die zur Arbeitsverhinderung führende Krankheit während des Ruhens eines weiterbestehenden Arbeitsverhältnisses eintritt. Zu denken ist hier an Erkrankungen während des Grundwehrdienstes, einer Wehrübung oder der Schutzfristen nach dem MuSchG bzw. des Mutterschaftsurlaubs. In diesen Fällen beginnt die Frist zur Fortzahlung des Entgeltes mit (Wieder-)Aufnahme der Tätigkeit; hier handelt es sich also – im Gegensatz zum Eintritt der Arbeitsunfähigkeit vor Aufnahme der Tätigkeit in einem neu begründeten Arbeitsverhältnis – um eine bloße Fristverschiebung[168].

2. Dauer der Entgeltfortzahlung

Die gesetzliche Höchstdauer der vollen Entgeltfortzahlung bei krankheitsbedingter Arbeitsverhinderung beträgt sechs Wochen für kaufmännische (§ 63 Abs. 1 HGB), technische (§ 133c Satz 1 GewO), übrige (§ 616 Abs. 2 BGB) Angestellte, Schiffsoffiziere und sonstige Angestellte des Schiffsdienstes (§ 48 Abs. 1 Satz 2 SeemG), Arbeiter (§ 1 Abs. 1 Satz 1

---

166 So *Sabel*, Anm. zu EEK I/123.
167 Unzutreffend daher *Schmatz/Fischwasser* I, § 1 LohnFG Anm. III 3, S. C 147, die bei einem „mißglückten Arbeitsversuch" eine bereits vor Beginn der Beschäftigung eingetretene (fiktive) Arbeitsunfähigkeit annehmen und den Anspruch auf Krankenlohn versagen. Ausführlich zur Ablehnung der Rechtsfigur „mißglückter Arbeitsversuch" für das Arbeitsrecht *Schulin*, ZfA 1978 S. 215 ff.
168 Für Erkrankungen während des Grundwehrdienstes oder einer Wehrübung *BAG*, 3. 3. 1961, AP Nr. 27 zu § 63 HGB = BB 1961 S. 530; 2. 3. 1971, BB 1971 S. 958; für Erkrankungen während der Schutzfristen des MuSchG *BAG*, 26. 8. 1960, AP Nr. 20 zu § 63 HGB = BB 1960 S. 985, 1961 S. 176.

LohnFG), Schiffsleute (§ 48 Abs. 1 Satz 3 SeemG)[169] und Auszubildende (§ 12 Abs. 1 Nr. 2 BBiG). Die Höchstdauer der Heuerfortzahlung für einen erkrankten oder verletzten Kapitän beträgt nach § 78 Abs. 2 SeemG 26 Wochen.

Die Dauer der Entgeltfortzahlung richtet sich grundsätzlich nach den bürgerlich-rechtlichen Bestimmungen über die Fristberechnung (§§ 186 ff. BGB). Diese sehen aus Vereinfachungsgründen Fristen nur nach vollen Tagen vor; gemäß § 187 Abs. 1 BGB wird der Tag, in den die krankheitbedingte Arbeitsverhinderung fällt, bei der Fristberechnung nicht mitgerechnet[170].

Die konsequente Beachtung dieses Grundsatzes führt indessen zu unerwünschten Ergebnissen: Erkrankt ein Arbeitnehmer beispielsweise in der Nacht vor Beginn einer Arbeitsschicht, so würde die Entgeltfortzahlung nur dann im unmittelbaren Anschluß an den mit Arbeitsentgelt belegten Zeitraum der Arbeitsleistung einsetzen, wenn die Arbeitsunfähigkeit noch am Vortage, also vor 0 Uhr des ersten Tages der Arbeitsverhinderung, eingetreten ist. Liegt dagegen dieser Zeitpunkt nach Mitternacht, so würde bei strenger Anwendung der Fristenregelung des BGB die Frist für die Entgeltfortzahlung erst am nächsten Tage beginnen. Eine ununterbrochene Gehaltszahlung wäre nicht gewährleistet; der Arbeitnehmer müßte eine im Gesetz nicht vorgesehene eintägige „Wartezeit" für die Entgeltfortzahlung in Kauf nehmen. Das gleiche gilt, wenn der Arbeitnehmer während der Arbeitsschicht arbeitsunfähig wird, für die verbleibende Zeit dieses Arbeitstages: Die Frist zur Entgeltfortzahlung würde nach § 187 Abs. 1 BGB am nächsten Tage beginnen, für den Rest des ersten Tages der Arbeitsunfähigkeit wäre dem Arbeitnehmer vom Arbeitgeber nichts zu zahlen, weil ein echter Lohnzahlungsanspruch mangels erbrachter Arbeitsleistung nicht mehr und ein „Krankenlohn" – Anspruch noch nicht besteht. Zur Vermeidung dieser Ergebnisse sind folgende Lösungen entwickelt worden:

Tritt die zur Arbeitsverhinderung führende Erkrankung nach Mitternacht vor Beginn der täglichen Arbeitszeit ein, so ist bereits der erste Fehltag entgegen der Regelung des § 187 Abs. 1 BGB bei der Berechnung des Lohnfortzahlungszeitraumes mitzurechnen, weil in Anbetracht der besonderen Ver-

---

169 Für die Besatzungsmitglieder eines Kauffahrteischiffes (Schiffsoffiziere, sonstige Angestellte und Schiffsleute, § 3 SeemG) kann sich diese Frist nach § 48 Abs. 1 Satz 1 SeemG verlängern, bis sie das Schiff verlassen.
170 Ständige Rechtsprechung; vgl. *BAG*, 28. 8. 1960, AP Nr. 20 zu § 63 HGB = BB 1960 S. 985, 1961 S. 176; 3. 3. 1961, AP Nr. 27 zu § 63 HGB = BB 1961 S. 530; 12. 9. 1967, AP Nr. 27 zu § 133 c GewO = BB 1968 S. 84; 4. 5. 1971, AP Nr. 3 zu § 1 LohnFG = BB 1971 S. 958; 21. 9. 1971, AP Nr. 6 zu § 1 LohnFG = BB 1972 S. 40 und 22. 2. 1973, AP Nr. 28 zu § 1 LohnFG = BB 1973 S. 1490; *LAG Schleswig-Holstein*, 11. 2. 1971, BB 1971 S. 269; *LAG Berlin*, 25. 2. 1971, BB 1971 S. 439; *Doetsch/Schnabel/Paulsdorff*, § 1 Anm. 27; *Kehrmann/Pelikan*, § 1 Anm. 56; *Schmatz/Fischwasser* I, § 1 LohnFG Anm. VI 1, S. C 155.

hältnisse im Arbeitsleben, in dem die arbeitsvertraglichen Pflichten nur zu bestimmten Zeiten eines Kalendertages zu erbringen sind, der Grundsatz der kalendertäglichen Fristberechnung beim Fristbeginn zugunsten einer auf den Arbeitstag bezogenen Betrachtungsweise durchbrochen wird. Im Entgeltfortzahlungsrecht ist also bei § 187 Abs. 1 BGB nicht auf den Beginn eines Kalendertages, sondern auf den Beginn der Arbeitszeit (Arbeitsschicht) abzustellen[171].

Bei Erkrankungen, die während der Arbeitszeit bzw. -schicht eintreten, verbleibt es dagegen bei der Anwendung des § 187 Abs. 1 BGB mit der Folge, daß die Entgeltfortzahlung erst am nächsten Tag beginnt. Für die verbleibende Zeit des Arbeitstages ist das Arbeitsentgelt weiterzuzahlen, und zwar mangels einer durch Gesetz oder Vertrag ausdrücklich vorgeschriebenen Regelung bei Angestellten kraft einer „zum Gewohnheitsrecht erstarkten Gepflogenheit" und bei Arbeitern nach dem Sinn des Lohnfortzahlungsgesetzes, der die Übernahme dieses Gewohnheitsrechtes aus dem Gesichtspunkt der für den Krankheitsfall beabsichtigten rechtlichen Gleichstellung beider Arbeitnehmergruppen gebietet[172].

Bei Eintritt der Erkrankung an einem arbeitsfreien Samstag bzw. Sonn- oder Feiertag verbleibt es ebenfalls bei der Grundregel der kalendertäglichen Fristberechnung nach § 187 Abs. 1 BGB, da die vom Bundesarbeitsgericht[173] für die Abweichung von dieser Grundregel aufgeführten Gesichtspunkte nur für Arbeitstage Gültigkeit haben. Erkrankt also der Arbeitnehmer an einem solchen arbeitsfreien Tag, so beginnt die Frist für die Entgeltfortzahlung erst am nächsten Tag[174]. § 193 BGB ist unanwendbar, weil diese Bestimmung nur für den Ablauf, nicht für den Beginn einer Frist gilt.

Bei der sechswöchigen Dauer der Entgeltfortzahlung handelt es sich nicht um sechs Kalenderwochen, sondern um 42 Kalendertage. Über die Bedeutung dieser Feststellung bei mehrfacher Erkrankung, insbesondere im Falle des § 1 Abs. 1 Satz 2 LohnFG, siehe unten VI 2. Fortzuzahlen ist das Entgelt, das der Arbeitnehmer bei Arbeitsleistung in den zu ermittelnden 42 Ka-

---

171 *BAG*, 4. 5. 1971, wie FN 170. Diese Auffassung hat im Schrifttum Zustimmung erfahren, vgl. *Becher*, § 1 Rdnr. 72; *Brecht*, § 1 Anm. 49; *Doetsch/Schnabel/Paulsdorff*, § 1 Anm. 20; *Kaiser*, § 1 Anm. 50; *Kehrmann/Pelikan*, § 1 Rdnr. 60; *Schmatz/Fischwasser* I, § 1 LohnFG Anm. VI 1, S. C 157; *Töns*, C § 1 C IV 2. A. A. *ArbG Berlin*, 15. 5. 1970, AP Nr. 1 zu § 1 LohnFG = BB 1970 S. 667, das die Entgeltfortzahlung im unmittelbaren Anschluß an den durch Arbeitsleistung verdienten Lohn, also noch am ersten Tag der Arbeitsunfähigkeit beginnen lassen, die Lohnzahlungspflicht des Arbeitgebers aber nicht über sechs Wochen hinaus verlängern will.
172 So auch *Schmatz/ Fischwasser* I, § 1 LohnFG Anm. VI I a. S. C 156. A. A. *Doetsch/Schnabel/Paulsdorff*, § 1 Anm. 22; *Spix/Papenheim*, S. 17.
173 Urt. vom 21. 9. 1971, AP Nr. 6 zu § 1 LohnFG = BB 1972 S. 40.
174 *Schmatz/Fischwasser*, wie FN 172.

lendertagen als Lohn erhalten hätte, wobei bei der Fünf-Tage-Woche die arbeitsfreien Werktage und Sonntage ausfallen[175]. Die Frist für die Entgeltfortzahlung e n d e t bei Erreichen der gesetzlichen Höchstbezugsdauer nach § 188 Abs. 2 BGB mit Ablauf desjenigen Tages der sechsten Woche, der durch seine Benennung (z. B. Mittwoch, Donnerstag, Freitag) dem Tag entspricht, an dem die zur Arbeitsverhinderung führende Erkrankung eingetreten ist, bei Erkrankung vor Beginn der Arbeitsschicht (siehe oben) einen Tag früher. Bei den weitergehenden Ansprüchen nach dem Seemannsgesetz (26 Wochen) endet die Frist entsprechend später.

Streitig war die Frage, ob sich der Entgeltfortzahlungszeitraum um die Tage v e r l ä n g e r t, an denen während der krankheitsbedingten Arbeitsverhinderung im Betrieb nicht gearbeitet wurde und daher der erkrankte Arbeitnehmer, auch wenn er gesund gewesen wäre, keinen Lohn- oder Gehaltsanspruch gehabt hätte. Zu denken ist hier an Fälle wie Schlechtwetter, Arbeitsausfall zwischen Weihnachten und Neujahr, Kurzarbeit oder Arbeitskampf während der Arbeitsunfähigkeit. Ein Teil der Rechtsprechung sah den Sechswochenzeitraum nicht als echte Frist, sondern als H ö c h s t b e z u g s d a u e r an und kam zu dem Schluß, daß die Zeit solcher Arbeitsausfälle nicht in den Entgeltfortzahlungszeitraum einzubeziehen sei, die Sechswochenfrist sich also gewissermaßen um solche Tage verlängere, weil das Arbeitsverhältnis insoweit ruhe[176].

Das Bundesarbeitsgericht steht demgegenüber auf dem Standpunkt, daß sich der Lohnfortzahlungszeitraum des § 1 Abs. 1 LohnFG n i c h t um Tage verlängert, an denen ein erkrankter Bauarbeiter, wäre er arbeitsfähig geblieben, wegen schlechten Wetters mit der Arbeit hätte aussetzen müssen[177] oder an denen zwischen Weihnachten und Neujahr gemäß dem Lohnausgleich – TV die Arbeit ausfällt[178], weil in diesen Zeiten kein echtes „Ruhen" des Arbeitsverhältnisses vorliegt. Dem ist zuzustimmen. Nicht jede kurzfristige Arbeitsunterbrechung führt zum Ruhen des Arbeitsverhältnisses, ein solches ist vielmehr nur gegeben, wenn durch besondere Umstände auf Grund gesetzlicher, kollektiv- oder einzelvertraglich festgelegter Bestimmung die Hauptpflichten aus dem Arbeitsverhältnis (Arbeits- und Lohnzahlungspflicht) für eine l ä n g e r e Zeit vorübergehend suspendiert werden, sog. Nebenpflichten

---

175 *BAG*, 22. 3. 1973, AP Nr. 28 zu § 1 LohnFG = BB 1973 S. 1490.
176 *ArbG München*, 17. 10. 1970, DB 1971 S. 244; *LAG Schleswig-Holstein*, 11. 2. 1970, BB 1971 S. 353; *LAG Saarland*, 3. 3. 1971, DB 1971 S. 972.
177 *BAG*, 27. 8. 1971, AP Nr. 5 zu § 1 LohnFG = BB 1971 S. 1460 unter Hinweis auf *LAG Hamburg*, 15. 2. 1971 – 1 Sa 69/70 –; *LAG Niedersachsen*, 26. 2. 1971 – 2 Sa 705/70 – und *LAG Hamm*, 11. 3. 1971 – 4 Sa 43/71 – = ArbuR 1971 S. 251. Vgl. auch *LAG Düsseldorf*, 24. 11. 1970, DB 1971 S. 485.
178 *BAG*, 20. 1. 1972, AP Nr. 13 zu § 1 LohnFG = BB 1972 S. 450; a. A. *Töns*, Anm. zu AP Nr. 13 zu § 1 LohnFG.

nur in einem der infolge des Ruhens veränderten Sachlage angepaßten Umfang weiterhin bestehen bleiben und auch das rechtliche Band zwischen Arbeitgeber und Arbeitnehmer nicht unterbrochen wird[179]. Auch für den Fall des **Arbeitskampfes** schließt das Bundesarbeitsgericht ein Ruhen des Arbeitsverhältnisses aus, weil jederzeit mit einem Abbruch der Arbeitskampfmaßnahmen gerechnet werden kann[180].

Abgesehen vom regulären Fristablauf infolge Erreichens der Höchstbezugsdauer endet der Entgeltfortzahlungsanspruch mit dem **Ende des Arbeitsverhältnisses**, wobei es gleichgültig ist, ob die Beendigung durch Fristablauf, Eintritt in den Ruhestand, Aufhebungsvertrag oder Kündigung herbeigeführt wurde[181]. Über das Ende des Arbeitsverhältnisses hinaus besteht der Entgeltfortzahlungsanspruch nur bei Kündigung aus Anlaß der Krankheit gemäß §§ 616 Abs. 2 Satz 4 BGB, 63 Abs. 1 Satz 3 HGB, 133c Satz 1 GewO, 6 LohnFG, 48 Abs. 1 Satz 2, 78 Abs. 2 Satz 2 SeemG. Hierüber Näheres unten C III 2.

VI. Entgeltfortzahlung bei mehrfacher Erkrankung

1. Problematik und Begriffsabgrenzung

Allen gesetzlichen Vorschriften über die Entgeltfortzahlung bei krankheitsbedingter Arbeitsverhinderung ist der Grundsatz gemeinsam, daß der Arbeitgeber während eines Arbeitsverhältnisses dem Arbeitnehmer wegen **ein und derselben Krankheit nur einmal, bei verschiedenen Krankheiten** jedoch jedesmal bis zu sechs Wochen zur Leistung verpflichtet ist[182]. Demzufolge wird in der Rechtsprechung seit jeher zwischen **fortgesetzten** oder wiederholten (Rezidiv-)Krankheiten und mehrfachen **selbständigen** Erkrankungen unterschieden. Allerdings spielt die Frage, welche Krankheit zur Arbeitsunfähigkeit führt, solange keine Rolle, wie die Verhinderung an der Arbeitsleistung – insgesamt gesehen – nicht länger als sechs Wochen dauert. Nur wenn die Bezugsdauer für den „Krankenlohn" erschöpft ist und abermals eine krankheitsbedingte Verhinderung an der Arbeitsleistung eintritt, muß geprüft werden, ob es sich um eine – medizinisch

---
179 So *Meisel*, Anm. zu AP Nr. 5 zu § 1 LohnFG m. w. N.
180 *BAG*, 8. 3. 1973, AP Nr. 29 zu § 1 LohnFG = BB 1973 S. 1490. Die Entscheidung ist im Schrifttum kritisiert worden, vgl. *Reuss*, Anm. zu AP Nr. 29 zu § 1 LohnFG; *Schmatz/Fischwasser* I, § 1 LohnFG Anm. VI 1a, S. C 160; *Scholz*, BB 1978 S. 311. A. A. auch *Becher*, § 1 Anm. 80; *Brecht*, § 1 Anm. 50; *Kehrmann/Pelikan*, § 1 Rdnr. 60 e.
181 *BAG*, 24. 11. 1956, AP Nr. 4 zu § 611 BGB Fürsorgepflicht = BB 1956, S. 1141; 3. 11. 1961, AP Nr. 1 zu § 78 SeemG = BB 1962 S. 48; *LAG Hamm*, 24. 7. 1970, EEK II/018.
182 *BAG*, 23. 6. 1960, AP Nr. 23 zu § 1 ArbKrankhG = BB 1960 S. 862.

gesehen – völlig neue Krankheit oder um eine wiederholte Erkrankung an demselben medizinisch nicht ausgeheilten „Grundleiden" handelt.

Ein „Grundleiden" ist nach der Rechtsprechung des Bundesarbeitsgerichts[183] eine wiederholte Erkrankung, die auf die gleiche chronische Veranlagung des Patienten (Krankheitsbereitschaft) zurückzuführen ist, z. B. ein regelmäßig wiederkehrender Heuschnupfen[184]. Von offenkundigen Fällen (Knochenbruch und Gastritis) abgesehen, kann die Frage, ob eine neue Krankheit oder ein „Grundleiden" vorliegt, vor allem wenn es sich um Erkrankungen ein und desselben Organs handelt, im Zweifel nur der Arzt entscheiden[185].

2. Mehrfache selbständige Erkrankungen

Folgen mehrere im medizinischen Sinne voneinander unabhängige Erkrankungen aufeinander, so entsteht jeweils ein neuer Anspruch auf Gehaltsfortzahlung bis zur Dauer von sechs Wochen[186]. Voraussetzung dafür ist allerdings, daß die auf Grund einer früheren Krankheit eingetretene Arbeitsverhinderung beendet ist und der Arbeitnehmer dem Arbeitgeber wieder zur Verfügung steht. In der Beurteilung dieser Voraussetzung verfährt die Rechtsprechung großzügig. So wurde ein Gehaltsfortzahlungsanspruch wegen einer neuen Erkrankung anerkannt, wenn es zwischendurch überhaupt nicht zu einer Arbeitsaufnahme gekommen ist, weil der Arbeitnehmer am Morgen des Tages der beabsichtigten Arbeitsaufnahme erneut erkrankt oder auf dem Heimweg vom Arzt, der ihn gesund geschrieben hat, einen Unfall erleidet[187]. Andererseits kann der Arbeitgeber aber auch nicht unter Berufung auf einen „mißlungenen Wiederaufnahmeversuch" die Lohnfortzahlung verweigern, wenn der Arbeitnehmer die Arbeit wieder aufgenommen hat und alsbald wegen einer nachgewiesenen neuen Erkrankung wieder an der Arbeitsleistung verhindert wird[188].

Eine während bestehender Arbeitsunfähigkeit hinzugetretene neue Erkrankung löst jedoch auch dann keinen neuen Entgeltfortzahlungsanspruch aus, wenn sie für sich allein betrachtet ebenfalls zur Verhinderung an der Arbeits-

---

183 *BAG*, 7. 5. 1956, AP Nr. 2 zu § 63 HGB = BB 1957 S. 80 und 23. 6. 1960, AP Nr. 23 zu § 1 ArbKrankhG = BB 1960 S. 862.
184 *BAG*, 24. 4. 1968, AP Nr. 44 zu § 1 ArbKrankhG = BB 1968 S. 832.
185 Im Streitfall entscheidet ein medizinisches Gutachten, zumal es ärztlicherseits möglich ist, auch noch nach längerer Zeit auf Grund der medizinischen Forschung und der Krankheitsberichte im Einzelfall Ursache und Charakter einer Krankheit festzustellen.
186 *BAG*, 18. 5. 1957, AP Nr. 3 zu § 63 HGB = BB 1957 S. 780.
187 *BAG*, 11. 10. 1966, AP Nr. 41 zu § 1 ArbKrankhG = BB 1966 S. 1394.
188 So aber *LAG Hamm*, 4. 8. 1970, DB 1970 S. 1694 und *Schmatz/Fischwasser* I, § 1 LohnFG Anm. VIII 2b, S. C 171 unter Berufung auf *RAG* in ARS Bd. 10 S. 355.

leistung geführt hätte[189]. In diesem Fall kann höchstens nach dem Grundsatz der „Einheit des Verhinderungsfalles"[190] die volle Bezugsdauer von sechs Wochen ausgeschöpft werden, wenn die zur Arbeitsverhinderung führende erste Erkrankung (z. B. Folgen eines leichten Herzinfarkts) vor Ablauf der Frist beendet ist und die zweite Erkrankung (z. B. Tuberkulose) noch andauert[191].

3. Fortsetzungskrankheiten

Schwieriger als bei mehreren aufeinanderfolgenden Krankheiten ist die Problematik der Entgeltfortzahlung bei wiederholten Erkrankungen, die auf ein und dasselbe Grundleiden zurückgehen. Hier gelten auch heute noch nach der weitestgehenden Vereinheitlichung der Rechtslage durch das Lohnfortzahlungsgesetz für Arbeiter und Angestellte unterschiedliche Regelungen.

Ein wichtiger Grundsatz sei vorausgestellt: Hat ein Arbeitsverhältnis bei einem Arbeitgeber geendet und wurde ein neues bei einem anderen Arbeitgeber begründet, so besteht in diesem Arbeitsverhältnis unter den dargelegten übrigen Voraussetzungen ein Entgeltfortzahlungsanspruch auch dann, wenn die Arbeitsverhinderung auf der erneuten Erkrankung an einem Grundleiden beruht, das bereits in dem früheren Arbeitsverhältnis den vollen Entgeltfortzahlungsanspruch ausgelöst hat. Der Entgeltfortzahlungsanspruch bei wiederholten Erkrankungen richtet sich mithin ausschließlich nach den Umständen und Gegebenheiten des Arbeitsverhältnisses, aus dem er geltend gemacht wird. Dieser Grundsatz gilt sogar bei kurzfristigen Unterbrechungen des Arbeitsverhältnisses und seiner Fortsetzung zwischen denselben Partnern[192]. Von einer „Fortsetzungskrankheit" im hier interessierenden Sinne kann man also nur sprechen, wenn das Arbeitsverhältnis zwischen Krankheitsperioden ununterbrochenen rechtlichen Bestand gehabt hat.

Ausgangspunkt der Betrachtung ist hier die Erkenntnis, daß ein neuer Entgeltfortzahlungsanspruch nur entsteht, wenn eine neue Krankheit auftritt. Im Falle wiederholter Erkrankungen, die auf ein und dasselbe Grundleiden zu-

---

189 *BAG*, 12. 9. 1967, AP Nr. 27 zu § 133 c GewO = BB 1968 S. 84; *LAG Baden-Württemberg*, 23. 11. 1959, BB 1960 S. 173; *Schmatz/Fischwasser* I, § 1 LohnFG Anm. VIII 2 b, S. C 170, II Gehaltsfortzahlung für Angestellte III 4 a, S. L 325; a. A. *Kehrmann/Pelikan*, § 1 Rdnr. 63 a.
190 Diesen Begriff prägen *Schmatz/Fischwasser*, a.a.O., S. C 170 im Anschluß an *BAG*, 27. 7. 1977, AP Nr. 43 zu § 1 LohnFG = BB 1977 S. 1605.
191 Vgl. auch *BAG*, 12. 9. 1967, wie FN 189.
192 *BAG*, 15. 9. 1961, AP Nr. 33 zu § 1 ArbKrankhG = BB 1961 S. 1236 und 13. 1. 1972, AP Nr. 11 zu § 1 LohnFG = BB 1972 S. 449. Für den Fall, daß zwei Arbeitsverhältnisse bestehen, von denen eins rechtlich ruht, vgl. *BAG*, 23. 12. 1961, AP Nr. 10 zu § 1 LohnFG = BB 1972 S. 964.

rückgehen, hat die Rechtsprechung schon früh für die Annahme einer neuen Krankheit im Sinne der Entgeltfortzahlungsbestimmungen im Gegensatz zum Sozialversicherungsrecht nicht auf eine völlige Ausheilung des Grundleidens, sondern darauf abgehoben, ob der Angestellte zwischen den einzelnen Erkrankungen im Sinne des Arbeitslebens l ä n g e r e Z e i t voll arbeitsfähig war[193]. Nachdem das Kriterium „längere Zeit" zunächst als tatsächliches Indiz für eine Ausheilung im medizinischen Sinne gewertet wurde mit der Folge, daß ein neuer Entgeltfortzahlungsanspruch je eher gegeben war, desto länger der Zwischenzeitraum voller Arbeitsleistung dauerte[194], stellte die Rechtsprechung später allein auf die Interessenabwägung zwischen Arbeitgeber und Arbeitnehmer ab und bejahte den Anspruch auf Fortzahlung des Arbeitsentgeltes bei wiederholter Erkrankung an demselben medizinisch nicht ausgeheilten Grundleiden, wenn der Arbeitnehmer nach der früheren Erkrankung länger als s e c h s M o n a t e voll gearbeitet hatte[195]. Dabei ist, zumindest bei Angestellten, dieser Sechsmonatszeitraum nicht schematisch anzuwenden, da es im Arbeitsleben auch Fälle geben kann, in denen eine kürzere Zeit als sechs Monate voller Arbeitsleistung für einen neuen Gehaltsfortzahlungsanspruch ausreichend sein kann, z. B. bei besonders anstrengender, für den Arbeitgeber mit großem Nutzen verbundener Arbeit[196]. Für den erneuten Gehaltsfortzahlungsanspruch ist es dagegen unschädlich, wenn der Angestellte die abermals erforderliche, zur Arbeitsverhinderung führende Behandlung arglistig über das Ende des Sechsmonatszeitraumes hinauszögert[197].

Für den hiernach in der Regel sechsmonatigen Zwischenzeitraum wird v o l l e A r b e i t s f ä h i g k e i t verlangt, d. h. der Arbeitnehmer muß wie ein Gesunder gearbeitet haben. Das ist der Fall, wenn er alle mit ihm vertraglich vereinbarten oder ihm vor der Erkrankung zugewiesenen Arbeiten tatsächlich erbracht hat; bei nur teilweiser Arbeitsleistung im Zwischenzeitraum entsteht somit kein neuer Entgeltfortzahlungsanspruch[198]. Zweifelhaft ist die Rechts-

---

193 *BAG*, 7. 5. 1956, AP Nr. 2 zu § 63 HGB = BB 1956 S. 595 und 18. 5. 1957, AP Nr. 3 zu § 63 HGB = BB 1957 S. 580.
194 Im Falle des *BAG*-Urt. vom 7. 5. 1956, wie FN 193, zweieinhalb Jahre!
195 *BAG*, 23. 6. 1960, AP Nr. 23 zu § 1 ArbKrankhG = BB 1960 S. 862; 1. 2. 1973, AP Nr. 33 zu § 63 HGB = BB 1973 S. 564 und 22. 3. 1973, AP Nr. 34 zu § 63 HGB = BB 1973 S. 848; *LAG Düsseldorf/Köln*, 22. 2. 1962, BB 1962 S. 560; *LAG Baden-Württemberg*, 12. 9. 1959, AP Nr. 6 zu § 63 HGB; *ArbG Wesel*, 13. 3. 1962, BB 1962 S. 521; *ArbG Berlin*, 9. 7. 1962, BB 1963 S. 228; *Bischoff*, BB 1961 S. 335 ff.; *Schmatz/Fischwasser* II, Gehaltsfortzahlung für Angestellte III 4 a, S. L 323.
196 Vgl. *BAG*, 23. 6. 1960, wie FN 195.
197 Vgl. den Fall des *LAG Frankfurt a. M.*, 16. 4. 1973, EEK I/346: operative Entfernung der Verschraubung bei einem Oberschenkelhalsbruch.
198 *LAG Düsseldorf*, 22. 9. 1966, DB 1966 S. 1695. *Schmatz/Fischwasser* II, Gehaltsfortzahlung für Angestellte III 4 a, S. L 323; abweichend *LAG Frankfurt a. M.*, 5. 7. 1971, EEK I/204, das

lage, wenn der Angestellte in dem Zwischenzeitraum deswegen nicht voll arbeitsfähig war und gearbeitet hat, weil er wegen einer anderen Erkrankung, die mit dem Grundleiden nichts zu tun hat, an der Arbeitsleistung verhindert war. Hier wird vorgeschlagen, in entsprechender Anwendung des der Verjährungshemmung (§§ 203 ff. BGB) zugrunde liegenden Rechtsgedankens den Zwischenzeitraum um die Tage einer in ihn fallenden anderweitigen Krankheit zu verlängern[199]. Dem kann für den Fall kurzfristiger Arbeitsverhinderungen, etwa wegen Infektionskrankheiten zugestimmt werden. Bei längeren Erkrankungen im Zwischenzeitraum, insbesondere beim nahtlosen Aufeinanderfolgen von anderweitiger Erkrankung und Fortsetzungskrankheit[200] wird man dagegen von einem „einheitlichen Verhinderungsfall" ausgehen und den Gehaltsfortzahlungszeitraum für beide Erkrankungen auf die gesetzliche Höchstdauer beschränken müssen.

Diese für Angestellte entwickelten Grundsätze über die Gehaltsfortzahlung bei wiederholten Erkrankungen, die auf demselben Grundleiden beruhen, sind auch bei Kuren und Heilverfahren anzuwenden, da im Sinne des Arbeitsrechts kein nennenswerter Unterschied zwischen einer wegen einer vorangegangenen Krankheit durchgeführten Kur und der erneuten Erkrankung an demselben, medizinisch nicht ausgeheilten Grundleiden besteht[201]. Dabei kommt es allein darauf an, ob der Angestellte vor Kurantritt sechs Monate lang voll gearbeitet hat; der Zeitpunkt der Kurbewilligung ist unerheblich[202].

Im Gegensatz zur Regelung bei den Angestellten, die sich mangels gesetzlicher Bestimmungen aus einer langen obergerichtlichen Rechtsprechung entwickelt hat, ist für Arbeiter die Lohnfortzahlung bei Fortsetzungskrankheiten kodifiziert worden. § 1 Abs. 1 Satz 2 LohnFG stellt in seinem ersten Satzteil den Grundsatz auf, daß der Arbeiter nur für insgesamt sechs Wochen den Lohnfortzahlungsanspruch hat, wenn er innerhalb von 12 Monaten infolge derselben Krankheit wiederholt arbeitsunfähig wird. Der zweite Satzteil der Vorschrift bringt davon die Ausnahme dergestalt, daß ein neuer Anspruch auf Lohnfortzahlung für weitere sechs Wochen entsteht, wenn der Arbeiter vor der erneuten Arbeitsunfähigkeit „mindestens sechs Monate nicht infolge derselben Krankheit arbeitsunfähig" war.

---

auch bei quantitativ und/oder qualitativ geringfügig reduzierter Arbeitsleistung im Zwischenzeitraum den vollen Gehaltsfortzahlungsanspruch bejaht.
199 Vgl. *Schmatz/Fischwasser* II, Gehaltsfortzahlung für Angestellte III 4a, S. L 324.
200 Vgl. den Fall in *BAG*, 27. 7. 1977, AP Nr. 43 zu § 1 LohnFG = BB 1977 S. 1605: Psychose als Fortsetzungskrankheit im unmittelbaren Anschluß an Grippe.
201 *BAG*, 6. 5. 1965, AP Nr. 29 zu § 63 HGB = BB 1965 S. 910; 2. 6. 1966, AP Nr. 30 zu § 63 HGB = BB 1966 S. 1025 und 1. 2. 1973, AP Nr. 33 zu § 63 HGB = BB 1973 S. 564.
202 *BAG*, 2. 6. 1966, wie FN 201.

Im ersten Teil der Vorschrift ist zum Ausdruck gebracht, daß ein erneuter Anspruch auf Lohnfortzahlung wegen derselben Krankheit geltend gemacht werden kann, wenn ein Zeitraum von 12 Monaten abgelaufen ist, wobei es nicht darauf ankommt, wie oft der Arbeiter während dieser Zeit an dem Grundleiden erkrankt[203]. Sinn dieser Rahmenfrist ist es vor allem zu gewährleisten, daß der Arbeitgeber nur einmal während eines Jahres, verstanden als zwölf aufeinanderfolgende Kalendermonate und nicht als Kalenderjahr, und damit für einen überschaubaren Zeitraum die Belastungen der Lohnfortzahlung zu tragen hat. Daher rechnet die Frist in starrer Form ab Beginn der ersten Arbeitsunfähigkeit und nicht als gleitende Rahmenfrist jedesmal neu ab jeweiligem Beginn der einzelnen Arbeitsunfähigkeitszeiten[204].

Beispiel: Ein Arbeiter ist wegen einer Magenkrankheit vom 5. bis 22.6.1979, 17. bis 26.10.1979 und vom 12. bis 25.2.1980 arbeitsunfähig. Erkrankt er wiederum ab 25.7.1980, hat er abermals einen Anspruch auf Lohnfortzahlung, da der zwölfmonatige Wiederholungszeitraum vom 5.6.1979 an berechnet wird. Mit dem Eintritt der Arbeitsunfähigkeit am 25.7.1980 beginnt ein neuer zwölfmonatiger Wiederholungszeitraum. Aus der oben zitierten Ausnahmebestimmung des § 1 Abs. 1 Satz 2, 2. Halbsatz LohnFG folgt nun, daß diese Rahmenfrist unterbrochen wird, wenn der Arbeiter nach der ersten Arbeitsunfähigkeit sechs Monate lang nicht wegen derselben Krankheit arbeitsunfähig war. Wurde also der Arbeiter im obigen Beispiel nach der ersten vom 5. bis 22.6.1979 dauernden Arbeitsunfähigkeit wegen seines Magenleidens erst wieder am 11.2.1980 arbeitsunfähig, so beginnt die neue zwölfmonatige Rahmenfrist mit diesem Zeitpunkt[205].

Der Wiederholungszeitraum endet außerdem durch einen vom Arbeiter vorgenommenen Arbeitsplatzwechsel. Das folgt daraus, daß bei der Laufzeitberechnung Zeiträume, die auf zeitlich frühere Arbeitsverhältnisse des arbeitsunfähigen Arbeiters entfallen, nicht berücksichtigt werden[206].

---

203 Der Lohnforzahlungsanspruch wird in der Weise ermittelt, daß die einzelnen Krankheitszeiten zusammengerechnet werden, bis die Anspruchszeit von sechs Wochen = 42 Kalendertagen verbraucht ist; vgl. *BAG*, 22. 2. 1973, AP Nr. 28 zu § 1 LohnFG = BB 1973 S. 1490.
204 *ArbG Saarbrücken*, 13. 6. 1972, EEK I/239; BAG, 30. 8. 1973, AP Nr. 33 zu § 1 LohnFG = BB 1973 S. 1533; *Becher*, § 1 Rdnr. 87; *Bleistein*, Tz. 42; *Doetsch/Schnabel/Paulsdorff* § 1 Anm. 21; *Kaiser*, § 1 Anm. 68, 69; *Schmatz/Fischwasser* I, § 1 LohnFG Anm. VIII 1b, S. C 167, 168; *Spix/Papenheim*, S. 21; *von Maydell*, Beilage Nr. 15 zu DB 1973. A. A. *LAG Baden-Württemberg*, 6. 4. 1971, EEK I/165; *LAG Frankfurt a. M.*, 9. 5. 1977, BB 1977 S. 1503; *Brecht*, § 1 Anm. 56 und wohl auch *Kehrmann/Pelikan*, § 1 Rdnr. 69.
205 *BAG*, 6. 10. 1976, AP Nr. 41 zu § 1 LohnFG = BB 1977 S. 39; *Becher*, § 1 Rdnr. 88; *Bleistein*, Tz. 42; *Brecht*, § 1 Anm. 61; *Kaiser*, § 1 Anm. 21; *Spix/Papenheim*, S. 21; *Schmatz/Fischwasser* I § 1 LohnFG Anm. VIII 1b, S. C 169.
206 *BAG*, 23.11.1971, AP Nr. 10 zu § 1 LohnFG = BB 1972 S. 964 für den Fall der Beendigung einer Abstellung zu einer Arbeitsgemeinschaft mit Rückkehr ins Stammarbeitsverhältnis; *BAG*, 13. 1. 1972, AP Nr. 11 zu § 1 LohnFG = BB 1972 S. 449; *Doetsch/Schnabel/Paulsdorff*, § 1 Anm. 21a; *Kaiser*, § 1 Anm. 74; *Kehrmann/Pelikan*, § 1 Anm. 71; *Schmatz/Fischwasser*, wie FN 205.

In dem Sechsmonatszeitraum, der zwischen wiederholten Erkrankungen an demselben Grundleiden liegen muß, um einen neuen Anspruch auf Lohnfortzahlung auszulösen, darf nach dem Wortlaut des Gesetzes der Arbeiter „nicht infolge derselben Krankheit arbeitsunfähig" gewesen sein. Aus dieser Formulierung wird geschlossen, daß bei Arbeitern – im Gegensatz zu den Angestellten, vgl. oben – keine volle Arbeitsfähigkeit vorliegen müsse[207]. Das halte ich nach der Entstehungsgeschichte des Gesetzes, das insoweit die von der Rechtsprechung entwickelten Grundsätze zur Entgeltfortzahlung bei wiederholter Erkrankung kodifizieren wollte[208], für unzutreffend. Diese dem Gesetzgeber bei Erlaß des Lohnfortzahlungsgesetzes bekannte Rechtsprechung (vgl. FN 195) verlangte für einen neuen Entgeltfortzahlungsanspruch die Erbringung der vollen Arbeitsleistung in der regelmäßig sechs Monate betragenden Zeit zwischen zwei Erkrankungen. Volle Arbeitsleistung kann aber nur bei voller Arbeitsfähigkeit erbracht werden. Zeiten, in denen wegen einer anderen Krankheit Arbeitsunfähigkeit besteht, werden dagegen in den Sechsmonatszeitraum nicht eingerechnet[209]. Das gilt auch dann, wenn während dieser anderen Arbeitsunfähigkeit bereits das Leiden vorgelegen hat, das später zu einer abermaligen Arbeitsunfähigkeit führt[210].

Die Berechnung des Sechsmonatszeitraumes richtet sich nach den Fristbestimmungen der §§ 187 Abs. 1, 188 Abs. 2 BGB. Bei mehrfachen Erkrankungen wegen desselben Grundleidens beginnt also der Zeitraum mit dem Ende derjenigen Krankheitsperiode, in der die sechswöchige Lohnfortzahlung endet, und bei erneuter Erkrankung an demselben Grundleiden vor Ablauf von sechs Monaten jeweils mit deren Ende bzw. dem Ablauf der zu gewährenden Lohnfortzahlung, falls deren Dauer durch die erste Arbeitsunfähigkeit noch nicht erschöpft ist. Ohne Einfluß auf den Sechsmonatszeitraum als Voraussetzung für einen neuen Lohnfortzahlungsanspruch ist es, wenn der Zeitraum nahezu voll mit Arbeitsunfähigkeit wegen einer anderen Krankheit ausgefüllt ist und sich an diese die Arbeitsunfähigkeit wegen Erkrankung an demselben Grundleiden nahtlos anschließt, weil in diesem Sonderfall der Grundsatz des „einheitlichen Verhinderungsfalles" zugunsten des im Gesetz festgeschriebenen Grundsatzes der erneuten Lohnfortzahlung bei Wiederholungskrankheiten zurücktritt[211].

---

207 So ohne Begründung *Schmatz/Fischwasser* I, § 1 LohnFG Anm. VIII 1 b, S. C 165.
208 Vgl. den Schriftlichen Bericht des BT-Ausschusses für Arbeit (19. Ausschuß) zu BTDrucks. V/4285 vom 7. 6. 1969, S. 3.
209 *Brecht,* § 1 Anm. 60; *Doetsch/Schnabel/Paulsdorff,* § 1 Anm. 21; *Kaiser,* § 1 Anm. 70; *Kehrmann/Pelikan,* § 1 Anm. 67; *Schmatz/Fischwasser* I, § 1 LohnFG Anm. VIII 1b, S. C 166; *Spix/Papenheim,* S. 20f.
210 LAG Nürnberg, 29. 1. 1975, EEK I/509.
211 BAG, 27. 7. 1977, AP Nr. 43 zu § 1 LohnFG = BB 1977 S. 1605; *Schmatz/Fischwasser* I, § 1 LohnFG Anm. VIII 2b, S. C 171.

4. Beweislastfragen

Verhinderung an der Arbeitsleistung, die auf wiederholter Erkrankung an einem medizinisch nicht ausgeheilten Grundleiden beruht, und die daraus abgeleitete Rechtsfolge, daß ein erneuter Anspruch auf Entgeltfortzahlung nicht besteht, ist ein Tatbestand, der den Grundsatz der Entgeltfortzahlung bei krankheitsbedingter Arbeitsverhinderung einschränkt. Er muß daher im Streitfalle von der Prozeßpartei vorgetragen und ggf. bewiesen werden, die sich auf ihn beruft. Das ist der Arbeitgeber, der also die Darlegungs- und Beweislast dafür hat, ob es sich bei einer erneuten Erkrankung um dieselbe oder um eine andere (neue) Krankheit handelt[212]. Hierbei kommt ihm die Erleichterung des Anscheinsbeweises (näheres dazu oben IV 4) dann zugute, wenn aus der Tatsache, daß die neue Verhinderung an der Arbeitsleistung schon sehr kurze Zeit nach der vorübergehenden Verhinderung eintritt, auf einen Rückfall bei ein und derselben Krankheit geschlossen werden kann. Der Arbeitnehmer kann seinerseits durch Vorlage entsprechender ärztlicher Bescheinigungen oder Vortrag bzw. Beweis sonstiger Tatsachen diesen Anscheinsbeweis erschüttern, ohne daß sich dadurch die Beweislast umkehrt[213].

An dieser eindeutigen Rechtslage ändern auch die Schwierigkeiten nichts, die dem Arbeitgeber in der Praxis den Beweis einer Fortsetzungskrankheit erschweren: Der Arbeitnehmer ist nicht verpflichtet, dem Arbeitgeber als Grund der Arbeitsunfähigkeit die Art der Erkrankung anzugeben. Einer rechtlichen Möglichkeit, den Arbeitnehmer zur Entbindung seines Arztes von der Schweigepflicht zu veranlassen, fehlt ebenfalls die gesetzliche Grundlage. Das gleiche gilt für die Auskunftspflicht der Krankenkasse dem Arbeitgeber gegenüber darüber, ob eine Fortsetzungskrankheit vorliegt[214]. Mit Rücksicht darauf, daß es sich bei dem Entgeltfortzahlungsanspruch um einen Ausfluß des von dem Gedanken der beiderseitigen Treuepflicht beherrschten Arbeitsverhältnisses handelt, wird der Arbeitnehmer allgemein auf Grund seiner arbeitsvertraglichen Treuepflicht für verpflichtet angesehen, seinem Arbeitgeber mitzuteilen, ob eine Fortsetzungskrankheit vorliegt[215].

---

212 *Brecht,* § 1 Anm. 64; *Schmatz/Fischwasser,* wie FN 211; a. A. *Becher,* § 1 Rdnr. 94.
213 *Brecht,* § 1 Anm. 66 A. A. *Schmatz/Fischwasser* I, § 1 LohnFG Anm. VIII 2b, S. C 172, die hier – in Verkennung der Bedeutung des prima-facie-Beweises – dem Arbeitnehmer die Beweislast aufbürden.
214 Einen Auskunftsanspruch des Arbeitgebers gegenüber der Krankenkasse bejaht *Brill,* DOK 1974 S. 752.
215 *Doetsch/Schnabel/Paulsdorff,* § 1 Anm. 21 a; *Kaiser,* § 1 Anm. 77; *Schmatz/Fischwasser,* wie FN 213. Die Rechtsprechung hat sich, soweit ersichtlich, mit dieser Frage noch nicht zu befassen gehabt. Die praktischen Schwierigkeiten beim Beweis von Fortsetzungskrankheiten dürften also nicht die befürchtete Rolle spielen.

VII. Entgeltfortzahlung bei Kuren

1. Grundsatz

Angestellte haben grundsätzlich Anspruch auf Gehaltsfortzahlung nach den §§ 616 Abs. 2 BGB, 63 HGB und 133c GewO auch bei Teilnahme an einem ärztlich verordneten oder von einem Sozialversicherungsträger bewilligten Kur- oder Heilverfahren. Hierfür ist nicht erforderlich, daß Arbeitsunfähigkeit im medizinischen Sinne vorliegt; es genügt für den Entgeltfortzahlungsanspruch, daß die Verhinderung an der Arbeitsleistung auf dem Heilverfahren beruht und dieses durch eine Krankheit veranlaßt ist[216]. Bei Arbeitern ist der Lohnfortzahlungsanspruch in § 7 LohnFG gesetzlich normiert. In den Voraussetzungen dieser Vorschrift hat die ständige höchstrichterliche Rechtsprechung ihren Niederschlag gefunden; sie enthält darüber hinaus ergänzende Bestimmungen über die Anzeige- und Nachweispflicht. Auch hier muß Arbeitsunfähigkeit während einer solchen Kur nicht vorliegen, da nach § 7 Abs. 1 Satz 2 LohnFG die Kur einer krankheitsbedingten Verhinderung an der Arbeitsleistung gleichsteht. Anders ist es bei den Kapitänen, Schiffsoffizieren und sonstigen Angestellten, bei denen der Anspruch auf Heuerfortzahlung immer Arbeitsunfähigkeit im Sinne des Sozialversicherungsrechtes (s. oben III 2) voraussetzt. Darum haben diese Arbeitnehmer keinen Entgeltfortzahlungsanspruch bei Kuren, Heilverfahren und daran anschließende Schonungszeiten, wenn während dieser Zeiten keine Arbeitsunfähigkeit vorliegt[217], soweit sie nicht unter den Geltungsbereich des MTV für die deutsche Seeschiffahrt vom 18.12.1970 fallen, der in seinem § 68 Abs. 1 Satz 2 für Kuren, die von einem Sozialleistungsträger bewilligt sind, Arbeitsunfähigkeit fingiert.

2. Allgemeine Voraussetzungen des Entgeltfortzahlungsanspruches

a) *Arten der Kur- oder Heilverfahren*

Nicht jeder Aufenthalt in einem Kur- oder Badeort löst den Entgeltfortzahlungsanspruch aus. Dieser besteht unter den noch näher darzulegenden persönlichen Gegebenheiten beim Arbeitnehmer nur bei Vorbeugungskuren zur Verhinderung einer schweren Erkrankung, Heilkuren zur Bes-

---

216 Vgl. *BAG*, 17.11.1960, AP Nr. 21 zu § 63 HGB = BB 1961 S. 96; 24.2.1961, AP Nr. 22 zu § 63 HGB = BB 1961 S. 290, 482; 17.3.1961, AP Nr. 23 zu § 63 HGB = BB 1961 S. 826 und 28.11.1963, AP Nr. 25 zu § 133c GewO = BB 1964 S. 259.
217 *BAG*, 22.11.1962, AP Nr. 2 zu § 78 SeemG = BB 1962 S. 269; *Schmatz/Fischwasser* II, Gehaltsfortzahlung für Angestellte III 4e, S. L 331.

serung oder Beseitigung einer bestehenden Krankheit und G e n e s u n g s - k u r e n zur völligen Wiederherstellung der Gesundheit nach schwerer Erkrankung[218].

b) *Die Voraussetzungen im einzelnen*

Zunächst muß bei dem Arbeitnehmer eine B e e i n t r ä c h t i g u n g seiner E r w e r b s f ä h i g k e i t durch Krankheit, Gebrechen oder Schwäche seiner körperlichen und geistigen Kräfte vorliegen. Das ist der Fall, wenn die Fähigkeit des Arbeitnehmers zum Erwerb des notwendigen Lebensunterhalts durch Einsatz seiner Arbeitskraft aus gesundheitlichen Gründen gefährdet ist. Ferner muß die Kur hinsichtlich der voraussichtlichen Erhaltung, Wiederherstellung oder Besserung der Erwerbsfähigkeit Erfolg versprechen. Das ist der Fall, wenn angesichts der Art des Leidens, der persönlichen Verhältnisse des Arbeitnehmers und seiner Bereitschaft zur Mitwirkung die Wahrscheinlichkeit eines Heilerfolgs besteht, der von Hilfen anderer Art oder geringeren Umfanges nicht erwartet werden kann[219]. Schließlich muß die BfA, eine Versorgungsbehörde[220], ein Krankenversicherungsträger, Wohlfahrtsverband, Gesundheitsamt oder – nur bei Angestellten – ein Privatarzt nach pflichtgemäßem Ermessen das Kur- oder Heilverfahren verordnet oder – bei Arbeitern unter voller Kostenübernahme (§ 7 Abs. 1 Satz 3 LohnFG) – bewilligt haben. Von einer verordneten oder bewilligten „Kur", für die es eine gesetzliche oder tarifliche Begriffsbestimmung bisher nicht gibt, kann nach der hier insoweit heranzuziehenden Rechtsprechung des Bundesarbeitsgerichts zu § 50 Abs. 1 BAT[221] nur die Rede sein, wenn der Sozialversicherungsträger für ein planvoll gestaltetes medizinisches Heilverfahren sorgt, mit dem ein bestimmter Kur- oder Heilzweck erreicht werden kann. Dazu gehören eine ausreichende medizinische Betreuung des Versicherten bzw. Arbeitnehmers und ein gewisser Einfluß auf dessen Lebensführung während der Kurzeit. Das kann bei den V o r b e u g u n g s k u r e n im Einzelfall zweifelhaft sein. Hier ist es hinsichtlich des Kriteriums der medizinischen Betreuung als ausreichend anzusehen, wenn sich der betreffende Angestellte einer Eingangs- und Schlußuntersuchung durch den Kurarzt unterzieht und während der Kur die

---

218 Bei den sog. E r h o l u n g s k u r e n zur Erhaltung und Stärkung der Gesundheit ohne Vorliegen besonderer gesundheitlicher Schädigungen kommt ein Entgeltfortzahlungsanspruch nicht in Betracht; ihrer Anrechnung auf den Erholungsurlaub steht § 10 BUrlG nicht entgegen. Vgl. zu den einzelnen Kurarten im übrigen *BAG*, 29. 11. 1973, AP Nr. 2 zu § 7 LohnFG = BB 1974 S. 419. Als Heilkur im Sinne des § 7 LohnFG gilt auch eine Alkoholentziehungskur, nachdem Trunksucht als Krankheit anerkannt ist; vgl. *ArbG Ulm*, 16. 7. 1971, DB 1971 S. 1675.
219 Vgl. *Schmatz/Fischwasser* II, Gehaltsfortzahlung für Angestellte IV 4 b, S. L 329.
220 *LAG Frankfurt a. M.*, 3. 5. 1963, AP Nr. 26 zu § 133c GewO = BB 1963 S. 1176.
221 Vgl. *BAG*, 1. 7. 1965, AP Nr. 5 zu § 50 BAT und 25. 11. 1965, AP Nr. 6 zu § 50 BAT = BB 1966 S. 36.

vom Arzt gegebenen individuellen Ratschläge befolgt, ohne daß es darauf ankommt, ob im Einzelfall besondere Kurmittel verschrieben wurden. Das zweite ist bei Vorbeugungskuren erfüllt, wenn der gewünschte medizinische Erfolg durch Anregungen, Hinweise und Verhaltensvorschriften gesichert wird, die den Arbeitnehmer in seiner Bewegungsfreiheit nicht übermäßig einschränken. Es genügt, wenn sich die erwähnten Hinweise und Verhaltensvorschriften etwa auf die Einhaltung eines geregelten Tagesablaufs, feste Essens- und Ruhezeiten, Einschränkung von Alkoholgenuß, Rauchen und Besucherempfang erstrecken[222].

3. Schonungszeiten

Für diese im Anschluß an Kuren üblicherweise verordneten Zeiten gelten für Angestellte und Arbeiter hinsichtlich der Entgeltfortzahlung unterschiedliche Regelungen. Angestellte können für eine solche Nachkur Gehaltsfortzahlung verlangen, wenn ohne sie der Kurzweck gefährdet ist[223], während Arbeiter für die Dauer der Schonungszeit nur bei Arbeitsunfähigkeit Lohnfortzahlung beanspruchen können (§ 7 Abs. 4 LohnFG).

VIII. Umfang der Entgeltfortzahlung

1. Lohnausfallprinzip

a) *Grundsatz*

Für die Geldleistungen des Arbeitgebers an den Arbeitnehmer bei dessen krankheitsbedingter Arbeitsverhinderung verwenden die einzelnen Gesetze verschiedene Bezeichnungen. In § 63 HGB ist von „Gehalt und Unterhalt" die Rede, § 133 c GewO spricht von „vertragsmäßigen Leistungen", in den §§ 616 BGB und 12 BBiG wird der Begriff „Vergütung", in den Bestimmungen des SeemG der Terminus „Heuer" verwendet. Der Begriff „Arbeitsentgelt", der alle die genannten verschiedenen Bezeichnungen einschließt, findet sich nur in § 1 LohnFG. Trotz der unterschiedlichen Terminologie ist den Vorschriften der einheitliche Grundsatz zu entnehmen, daß dem Arbeitnehmer im Krankheitsfall dasjenige Arbeitsentgelt fortzuzahlen ist, das er voraussichtlich verdient hätte, wenn er nicht durch Krankheit an der Arbeitsleistung verhindert worden wäre (Lohnausfallprinzip).

---

[222] *BAG*, 14. 11. 1979 – 5 AZR 930/77 –, BB 1980 S. 368.
[223] *BAG*, 28. 11. 1963, AP Nr. 25 zu § 133 c GewO = BB 1964 S. 259.

In seiner reinen Form bedeutet das Lohnausfallprinzip Ersatz des Lohnausfalls, wobei „Lohn" in einem weiteren Sinn als Synonym für „Arbeitsentgelt", verstanden als Gegenleistung für Arbeit, gebraucht wird. Von einer Ersatzleistung für Lohn in diesem Sinne kann man strenggenommen nur sprechen, wenn der Arbeitnehmer für die nicht mit Arbeitsleistung belegte Zeit einen Betrag erhält, der auf der Grundlage einer fiktiven Arbeitszeit als fiktives Arbeitsentgelt errechnet wurde. Einen solchen echten Lohnausfall-Ersatz gibt es nur in § 1 Abs. 1 des Gesetzes zur Regelung der Lohnzahlung an Feiertagen.

b) *Modifiziertes Lohnausfallprinzip*

Es liegt auf der Hand, daß das Lohnausfallprinzip in seiner reinen Form nur zu Ergebnissen führt, die als gerecht und billig empfunden werden können, wenn es sich entweder um relativ kurze, mit echtem Lohnersatz zu überbrückende Zeiten (wie bei Feiertagen) oder um feste, im voraus feststehende Bezüge (Zeitlohn, Monatsgehalt) handelt, weil in anderen Fällen die erforderlichen Fiktionen bei längeren Zeiträumen den Bezug zur Realität verlieren können. Das gilt vor allem für das fiktive Arbeitsentgelt, das etwa bei schwankenden Bezügen nicht sicher vorausberechnet werden kann. Daher wird bei der Entgeltfortzahlung im Krankheitsfalle das Lohnausfallprinzip auch in modifizierter Form angewendet, in dem auf das „mutmaßliche" oder „erzielbare", durch eine Hilfsrechnung nach dem Durchschnittsprinzip[224] ermittelte Entgelt abgestellt wird.

2. Das fortzuzahlende Arbeitsentgelt

a) *Begriff*

Im Krankheitsfalle fortzuzahlen sind alle Bezüge, die der Arbeitnehmer auf Grund gesetzlicher, tarif- oder einzelvertraglicher Bestimmung als Gegenleistung für seine Arbeit erhält, ohne Rücksicht auf ihre Bezeichnung im Einzelfall[225]. Daher sind Bezüge, die nicht unmittelbar als Gegenleistung für Arbeit

---

224 Das „Durchschnittsprinzip" besagt, daß als Ersatz des Lohnausfalles für den Ausfallszeitraum ein Betrag auf der Grundlage des Durchschnittsverdienstes eines vergangenen Zeitraumes (Referenzperiode, in der Regel drei Monate oder 13 Wochen) errechnet wird. Diese Methode, die z. B. in § 11 BUrlG normiert ist, eignet sich besonders für die Berechnung der Lohnausfallvergütung bei schwankenden Bezügen (Urlaubsentgelt bei Akkordarbeitern) und bildet in Tarifverträgen die Regel.

225 *BAG*, 20. 5. 1959, AP Nr. 1 zu § 2 ArbKrankhG = BB 1959 S. 887; 12. 9. 1959, AP Nr. 9 zu § 2 ArbKrankhG = BB 1959 S. 1207; 11. 1. 1978 – 5 AZR 829/76 –, BB 1978 S. 502; 31. 5. 1978, AP Nr. 9 zu § 2 LohnFG = BB 1978 S. 1166. Zum Begriff des Arbeitsentgelts allgemein vgl. *Hueck/Nipperdey* I, § 40 I, Bd. II § 15 II 6; *Nikisch* I, § 29 I 2 (Gegenleistung für Bereitstellung der Arbeitskraft). Zum Arbeitsentgelt im Rechtssinn gehören auch die Arbeit-

anzusehen sind, sondern ihre Grundlage mehr im sozialen „Umfeld" der Arbeitsleistung oder in den persönlichen Verhältnissen des Arbeitnehmers haben (Familienstands- und Kinderzulagen) grundsätzlich nicht vom Begriff des Arbeitsentgelts umfaßt. Das gleiche gilt für Aufwendungsersatz (Spesen, Reisekosten, Auslösungen) im Zusammenhang mit der Arbeitsleistung. Für die somit nach arbeitsrechtlichen Kriterien vorzunehmende Beurteilung, ob es sich bei Zuwendungen im Arbeitsverhältnis um Arbeitsentgelt im dargelegten Sinne handelt, kann die steuerliche und sozialversicherungsrechtliche Behandlung der Bezüge[226] unterstützend herangezogen werden.

Einmalige Zuwendungen gehören begrifflich zum Arbeitsentgelt, soweit sie eine Gegenleistung des Arbeitgebers für erbrachte Arbeitsleistung darstellen. Das ist zunächst der Fall bei vertraglich zugesagter Sondervergütung in Form von Einmalzahlungen, wie Jahresabschlußvergütungen, Boni, Tantiemen u. dgl. Aber auch Zuwendungen, die aus besonderem Anlaß und/oder ohne rechtliche Verpflichtung gewährt werden (Weihnachtsgratifikationen, Jubiläumsgeschenke, freiwillige Urlaubsgelder) haben nach heutiger Anschauung Entgeltcharakter. Der Arbeitnehmer erhält solche einmaligen Zuwendungen bei deren Fälligkeit, auch wenn er zu diesem Zeitpunkt wegen Krankheit an der Arbeitsleistung verhindert ist. Da aber einmalige Zuwendungen im Regelfall ihre Grundlage im Arbeitsverhältnis allgemein oder in der Gesamtheit der in einem bestimmten Zeitraum erbrachten Arbeitsleistung, nicht jedoch in der laufenden Arbeitsleistung haben und der Anspruch auf sie somit nicht bei Nichtleistung der Arbeit entfällt, werden sie beim „Krankenlohn", insbesondere bei seiner Berechnung (s. unten VIII 3) nicht berücksichtigt[227]. Ausnahmen von diesem Grundsatz gelten bei Pauschalzahlungen, die sich auf die laufende Arbeitsleistung in einem bestimmten Zeitraum beziehen (Akkordschlußzahlungen, pauschalierte Lohnerhöhungen).

b) *Einzelheiten*

1. Gegenstand der Entgeltfortzahlung ist zunächst die Grundvergütung des Arbeitnehmers (Monatsgehalt oder -lohn, Stundenlohn), auch wenn sie

---

geber-Beitragsanteile zur Sozialversicherung; vgl. *BGH*, 27. 4. 1965, BGHZ Bd. 43 S. 378 = AP Nr. 3 zu § 249 BGB = BB 1965 S. 648 und 23. 6. 1965, AP Nr. 4 zu § 249 BGB = BB 1965 S. 809.
226 Vgl. hierzu die ausgezeichnete Übersicht von *Benner/Bals*, Arbeitsentgelt im Sinne der Sozialvericherung und Arbeitslohn im Sinne des Steuerrechts, Beilage 7/1979 zu BB 1979 Heft 25.
227 *BAG*, 21. 9. 1971, AP Nr. 2 zu § 2 LohnFG = BB 1972 S. 176; 9. 11. 1972, AP Nr. 9 zu § 611 BGB Anwesenheitsprämie = BB 1973 S. 141; *Becher*, § 2 Anm. 19; *Brecht*, § 2 Anm. 30; *Doetsch/Schnabel/Paulsdorff*, § 2 Anm. 30; *Kaiser*, § 2 Anm. 15; *Kehrmann/Pelikan*, § 2 Rdnr. 19; *Schmatz/Fischwasser* I, § 2 LohnFG Anm. II 2, S. C 208; *Spix/Papenheim*, S. 23; *Töns*, C, § 2 IX 2.

für Urlaub oder Feiertage gewährt wird. Mehrarbeitsvergütungen sind grundsätzlich zum Arbeitsentgelt zu rechnen[228], desgleichen Lohnzuschläge (Feiertags-, Nacht- und Sonntagsarbeitsvergütung in Form prozentualer Erhöhung des Stundenverdienstes, in den ggf. das Monatsgehalt umzurechnen ist, s. unten 3b) und laufende Lohnzulagen, mit denen den besonderen Bedingungen des Arbeitsverhältnisses Rechnung getragen werden soll (Erschwernis-, Gefahren- und Nachtdienstzulagen)[229], es sei denn, solche Zulagen sind ausschließlich Aufwendungsersatz.

2. Prämien: Als solche werden in der Praxis einmalige oder laufende Zuwendungen höchst unterschiedlicher Zweckbestimmungen bezeichnet. Nur in den seltensten Fällen handelt es sich dabei um einen echten Prämienlohn, der wie der Akkordlohn die Vergütung des im Leistungslohn beschäftigten Arbeitnehmers darstellt[230]. Oft werden „Prämien" in regelmäßiger Form als zusätzliche Vergütung für in quantitativer und/oder qualitativer Hinsicht gute Arbeitsleistung (Umsatzprämien) oder als Entgelt für die Übernahme einer besonderen Arbeitsvertragpflicht (z. B. Inkassoprämien für Auslieferungsfahrer) gezahlt und gehören dann zum fortlaufenden Arbeitsentgelt[231]. Das gilt nicht bei Gewährung aus besonderem Anlaß, z. B. lange Betriebszugehörigkeit (Treueprämien) oder als einmalige Anerkennung für besondere Leistungen.

Unsicherheit herrscht über die Frage, ob Zuverlässigkeitsprämien (Anwesenheits- und Pünktlichkeitsprämien) zum fortzuzahlenden Arbeitsentgelt gehören. Für den Geltungsbereich des Arbeiterkrankheitsgesetzes hatte das Bundesarbeitsgericht unter Betonung des Zwecks der Zuwendung die Frage verneint[232], diese Ansicht jedoch später aufgegeben, indem entschieden wurde, daß eine laufend gewährte sog. Anwesenheitsprämie, die während entschuldigten und unentschuldigten Fehlens nicht gezahlt wird, Teil des Arbeitsentgelts i. S. des § 14 Abs. 1 MuSchG und deshalb bei Berechnung des Zuschusses zum Mutterschaftsgeld mitzuberücksichtigen sei[233]. Dementsprechend sind Anwesenheitsprämien bei krankheitsbedingter Verhinderung an der Arbeitsleistung fortzuzahlen, wenn sie auf Grund

---

228 *BAG*, 8. 5. 1972, AP Nr. 3 zu § 2 LohnFG = BB 1972 S. 878; *LAG Düsseldorf*, 24. 2. 1958, BB 1958 S. 1134 sowie die übereinstimmende Meinung in der Literatur; vgl. statt aller *Schmatz/Fischwasser* I, § 2 LohnFG Anm. I 1 S. C 203.
229 *BAG*, 12. 9. 1959, AP Nr. 9 zu § 2 ArbKrankhG = BB 1959 S. 1207; *LAG Hamm*, 19. 1. 1977, DB 1977 S. 871.
230 Näheres hierüber bei *Bobrowski/Gaul* I, E VII, S. 327 ff.
231 *BAG*, 11. 1. 1978 – 5 AZR 829/76 –, BB 1978 S. 502; *Schmatz/Fischwasser* I, § 2 LohnFG Anm. I 2, S. C 204 und Teil II, Gehaltsfortzahlung für Angestellte IV 1 b, bb, S. L 403.
232 Urt. v. 21. 1. 1963, AP Nr. 16 zu § 2 ArbKrankhG = BB 1963 S. 668.
233 *BAG*, 29. 1. 1971, AP Nr. 2 zu § 611 BGB Anwesenheitsprämie = BB 1971 S. 476. Vgl. hierzu *Fenn/Bepler*, RdA 1973 S. 218 (222).

vertraglicher Vereinbarung, einseitiger Zusage oder einer kollektiven Regelung regelmäßig zum laufenden Arbeitsentgelt gewährt werden[234]. Handelt es sich dagegen um eine einmalige Sonderzahlung in Gestalt einer freiwilligen, wenn auch hinsichtlich des Berechnungsmodus auf Anwesenheitszeiten abgestellten Gratifikation[235], so ist eine derartige Leistung nicht zum fortzuzahlenden Arbeitsentgelt zu rechnen[236]. Eine Besonderheit gilt für die **Antrittsgebühr** im graphischen Gewerbe. Diese Zuverlässigkeitsprämie gehört kraft zulässiger tariflicher Bestimmung nicht zu den im Krankheitsfalle fortzuzahlenden Bezügen[237].

3. **Provisionen:** Ihrem Wesen nach ist die Provision keine Gegenleistung für Arbeit, sondern eine meist in Prozenten ausgedrückte Form der Beteiligung am Wert des herbeigeführten (Geschäfts-)Erfolges[238], der nicht im Abschluß des Geschäftes, sondern in der Erfüllung des abgeschlossenen Geschäftes durch den Dritten besteht[239]. In der Praxis dient jedoch die den Außendienstangestellten neben einem mehr oder weniger hohen Festgehalt gewährte Provision dazu, durch die Möglichkeit der Erfolgsbeteiligung einen zusätzlichen Leistungsanreiz zu schaffen. In diesen Fällen ist eine gewisse Ähnlichkeit der Provision mit bestimmten Formen des Prämienlohnes unverkennbar[240], und vor allem wegen der auf die Arbeitsleistung bezogenen Komponente jener Erfolgsbeteiligung ist die Provision Vergütung für geleistete Arbeit[241]. Sie gehört also zu den im Krankheitsfall fortzuzahlenden Bezügen. Über die Berechnung s. unten 3 b.

4. **Sonstiges:** Zum fortzuzahlenden Arbeitsentgelt gehören ferner Bedienungsgelder, sofern auf sie ein vertraglicher Anspruch besteht (Berechnung

---

234 *BAG*, 4. 10. 1978 – 5 AZR 886/77 –, BB 1979 S. 1199 = NJW 1979 S. 2119; *Becher*, § 2 Rdnrn. 16/16a; *Kehrmann/Pelikan*, § 2 Anm. 16; unklar *Schmatz/Fischwasser* I, § 2 LohnFG Anm. I 2, S. C 205/206 und Teil II, Gehaltsfortzahlung für Angestellte IV 1 b, bb), S. 403/404.
235 Eine solche Gratifikationsregelung ist zulässig: *BAG*, 30. 3. 1967, BAGE Bd. 19 S. 300 = AP Nr. 58 zu § 611 BGB Gratifikation = BB 1967 S. 674.
236 *BAG*, 9. 11. 1972, AP Nr. 9 zu § 611 BGB Anwesenheitsprämie = BB 1973 S. 141. Trotz der Kritik des Schrifttums an dieser Entscheidung (vgl. *Beuthien*, Anm. zu AP Nr. 9 zu § 611 BGB Anwesenheitsprämie; *Fenn/Bepler*, RdA 1973 S. 229) hat das Bundesarbeitsgericht seinen Standpunkt bisher aufrechterhalten.
237 *BAG*, 21. 9. 1971, AP Nr. 1 zu § 2 LohnFG = BB 1972 S. 662; *Schmatz/Fischwasser* I, § 2 LohnFG, Anm. I 2, S. C 206.
238 *Bobrowski/Gaul* I, E VIII Rdnr. 11, S. 351; *Hueck/Nipperdey* I, § 42 II; *Nikisch* I, § 32 II 1.
239 *Reinicke/Reinicke*, NJW 1953 S. 1609 (1610).
240 *Bobrowski/Gaul*, wie FN 238. Es geht aber nicht an, die Provision einfach als „Unterart des Akkordlohnes" zu bezeichnen, wie es *Schmatz/Fischwasser* (Teil II, Gehaltsfortzahlung für Angestellte IV 1 b, bb, S. L 403) in völliger Verkennung der tatsächlichen Verhältnisse tun. Vgl. auch *BAG*, 29. 3. 1977, AP Nr. 1 zu § 87 BetrVG Provision = BB 1977 S. 1046.
241 *BAG*, 17. 5. 1962, AP Nr. 2 zu § 65 HGB = BB 1962 S. 878; *LAG Bremen*, 4. 9. 1963, BB 1964 S. 328; *Hueck/Nipperdey, Nikisch, Bobrowski/Gaul*, alle wie FN 238; a. A. *Lieb*, DB 1976 S. 2207, der den Entgeltcharakter der Provision überhaupt leugnet.

in festen Prozenten), Naturalbezüge, die ggf. in bar abzugelten sind, wenn sie der Arbeitnehmer infolge der krankheitsbedingten Arbeitsverhinderung nicht entgegennehmen kann (über die Berechnung s. unten 3 b) und vermögenswirksame Leistungen mit Ausnahme der Arbeitnehmer-Sparzulage. Auslösungen sind in den Krankenlohn einzubeziehen, wenn sie in pauschalierter Form ohne Einzelnachweis und ohne Rücksicht auf tatsächlichen Kostenaufwand fortlaufend gezahlt werden[242]. Das gleiche gilt unter diesen Voraussetzungen für Wege- und Fahrgelder[243], siehe nachfolgend c).

c) *Aufwendungsersatz*

Dem Grundgedanken der Entgeltfortzahlung bei krankheitsbedingter Arbeitsverhinderung entsprechend, daß der kranke Arbeitnehmer sich nicht schlechter, aber auch nicht besser stehen soll als sein gesunder Kollege, zählt Ersatz von Aufwendungen, die nur im Zusammenhang mit der Arbeitsleistung entstehen und bei deren Nichtleistung wegfallen, nicht zum fortzuzahlenden Arbeitsentgelt. Dieser Grundsatz findet seinen Ausdruck in § 2 Abs. 1 Satz 2 LohnFG, wonach Auslösungen, Schmutzzulagen und ähnliche Leistungen unter zwei Voraussetzungen von der Lohnfortzahlung ausgenommen sind: Zum einen müssen die Leistungen zur Abgeltung tatsächlich entstandener Aufwendungen gewährt worden sein, und zum anderen dürfen dem Arbeitnehmer solche Aufwendungen während der Arbeitsunfähigkeit nicht entstehen. Damit ist die Ausnahmebestimmung sehr eng gefaßt, da per argumentum e contrario alle Leistungen dieser Art, die ohne Rücksicht auf tatsächlich entstandene Aufwendungen und ohne Einzelnachweis laufend zur Grundvergütung gewährt werden, zum fortzuzahlenden Entgelt zu rechnen sind (s. oben b). Das trifft insbesondere für die N a h a u s l ö s u n g e n nach dem BMTV (§ 7) zu, da sie zur Verbesserung des Einkommens und nicht für nachgewiesene Aufwendungen verwendet werden[244]. Die sog. Fernauslösung muß nach tariflicher Bestimmung (§ 6 Nr. 10 BMTV) bei Arbeitsunfähigkeit am Montageort weitergezahlt werden[245]. Echter Aufwendungsersatz

---

242 *BAG*, 8. 11. 1962, AP Nr. 15 zu § 2 ArbKrankhG = BB 1963 S. 186 und 2. 10. 1974, AP Nr. 5 zu § 2 LohnFG = BB 1975 S. 229; *LAG Hamm*, 10. 9. 1970, DB 1971 S. 436; *LAG Düsseldorf*, 28. 7. 1971, BB 1972 S. 87 und 17. 7. 1974, DB 1975 S. 157.
243 *LAG Hamm* 15. 11. 1974, BB 1975 S. 230, bestätigt durch *BAG*, 11. 2. 1976, AP Nr. 10 zu § 611 BGB Anwesenheitsprämie = BB 1976 S. 464.
244 Ständige Rechtsprechung seit *BAG*, 8. 11. 1962, AP Nr. 15 zu § 2 ArbKrankhG = BB 1963 S. 186; zuletzt *BAG*, 2. 10. 1974, AP Nr. 5 zu § 2 LohnFG = BB 1975 S. 229. Die N a h a u s l ö s u n g, die im Grunde ein gestaffeltes Tagegeld bei eintägigen Dienstreisen im Sinne des Lohnsteuerrechts ist, hat in letzter Zeit stark an Bedeutung verloren, da die Betriebe bei Nahmontagen die gegenüber den Auslösungssätzen günstigeren steuerlichen Höchstsätze für Verpflegungsmehraufwand bei eintägigen Dienstreisen zu zahlen genötigt sind (Gleichbehandlung Arbeiter – Angestellte!).
245 Vgl. ausführlich zur Rechtslage nach dem BMTV *Matthes*, Auswärtszulage, AR-Blattei D Auswärtszulage I und *Schmatz/Fischwasser* I, § 2 LohnFG Anm. I 3, S. C 210.

sind dagegen Reisekosten (auch pauschalierte Tage- und Übernachtungsgelder), es sei denn, sie würden etwa an Außendienstangestellte pauschal ohne Einzelnachweis und über die steuerlichen Höchstsätze hinausgehend gezahlt[246]. Bei den im Lohnfortzahlungsgesetz weiterhin ausdrücklich genannten Schmutzzulagen hängt es von den Umständen ihrer Gewährung ab, ob sie zum fortzuzahlenden Entgelt zählen oder nicht. Im Regelfall dürfte es sich um Erschwerniszulagen handeln, die in den Krankenlohn einzurechnen sind[247].

3. Berechnung des Krankenlohnes

a) *Allgemeines*

„Krankenlohn" ist das bei krankheitsbedingter Verhinderung an der Arbeitsleistung im vorstehend dargelegten Umfange weiterzuzahlende Arbeitsentgelt. Die meisten gesetzlichen Bestimmungen enthalten jedoch keine Vorschriften über die Berechnung dieser Bezüge. Den Formulierungen ist insoweit nur zu entnehmen, daß der Arbeitnehmer seinen Vergütungsanspruch im Krankheitsfalle „behält" bzw. „nicht verliert", der Krankenlohn also nach dem Lohnausfallprinzip (oben VIII 1) weiterzugewähren ist. Lediglich § 2 Abs. 1 Satz 1 LohnFG schreibt vor, daß dem Arbeiter „das ihm bei der für ihn maßgebenden regelmäßigen Arbeitszeit zustehende Arbeitsentgelt fortzuzahlen" ist, das bei Akkordentlohnung den „erzielbaren Durchschnittsverdienst" darstellt (§ 2 Abs. 1 Satz 3 LohnFG). Diese unterschiedliche Rechtslage nötigt zu einer nach Angestellten und Arbeitern getrennten Darstellung der Berechnung des Krankenlohnes.

b) *Berechnung bei Angestellten*

Im Normalfall, d. h. bei Fortsetzung der Arbeit nach Wiederherstellung der Arbeitsfähigkeit, erhält der Angestellte für die Zeit der krankheitsbedingten Verhinderung an der Arbeitsleistung sein festes Monatsgehalt einschließlich etwaiger Zuschläge für Nacht-, Sonntags- und Feiertagsarbeit weiter. Nur wenn die Verhinderung an der Arbeitsleistung die gesetzliche Höchstdauer der Entgeltfortzahlung überschreitet, ergibt sich die Notwendigkeit der Umrechnung des Monatsgehalts für Teile des Gehaltsabrechnungszeitraumes. Wenn und soweit nicht tarifvertragliche Bestimmungen zwingend eine andere Berechnungsart vorschreiben, ist das auf den Arbeitstag entfallende Entgelt in der Weise zu ermitteln, daß das Monatgehalt durch die Zahl der im Jahresdurchschnitt auf einen Monat entfallenden Arbeitstage und Wochen-

---

246 Vgl. *LAG Hamm*, 2. 6. 1970, EEK I/145; *LAG Düsseldorf*, 6. 9. 1971, DB 1972 S. 50.
247 Vgl. *Schmatz/Fischwasser* I, § 2 LohnFG Anm. I 3, S. C 211.

feiertage geteilt wird[248]. Als Monatsgehalt ist die monatliche Gesamtvergütung, also Grundgehalt zuzüglich etwaiger fester Zulagen (Orts- und Familienzulagen) anzusetzen[249].

Entsprechend dem Lohnausfallprinzip, das im Grunde dem Arbeitnehmer während seiner krankheitsbedingten Verhinderung an der Arbeitsleistung denselben Lebensstandard gewährleisten soll wie in Zeiten voller Arbeitsleistung, sind Mehrarbeitsvergütungen (Vergütungen für Mehr- bzw. Überarbeit zuzüglich entsprechender meist tariflich vorgeschriebener Zuschläge) im Krankheitsfalle unter zwei Voraussetzungen weiterzuzahlen: Zum einen muß der Arbeitnehmer in der Zeit vor Eintritt der Arbeitsverhinderung mit einer gewissen Regelmäßigkeit Mehrarbeit oder Überstunden geleistet haben. Das Merkmal der Regelmäßigkeit ist nach der hier heranzuziehenden Rechtsprechung zum früheren Arbeiterkrankheitsgesetz[250] dann erfüllt, wenn in den letzten drei Gehaltsabrechnungszeiträumen vor Eintritt der krankheitsbedingten Arbeitsverhinderung („Referenzperiode") Mehrarbeit geleistet wurde, wobei es nicht darauf ankommt, ob der Umfang der Mehrarbeit in jedem dieser drei Abrechnungszeiträume völlig gleich war. Zum anderen muß die Mehrarbeit im Zeitpunkt des Eintritts der Arbeitsverhinderung noch andauern und während der Krankheitsperiode in der Abteilung des erkrankten Arbeitnehmers oder im Betrieb fortgesetzt werden, da nur in diesem Falle davon ausgegangen werden kann, daß auch der erkrankte Arbeitnehmer, wäre er gesund geblieben, Mehrarbeit geleistet hätte[251].

Liegen beide Voraussetzungen vor, so ist die Mehrarbeitsvergütung als Teil des Entgelts für die Krankheitsperiode fortzuzahlen, und zwar bei gleichgebliebener Mehrarbeit in der Referenzperiode in gleicher Höhe wie bisher. Bei erforderlicher Umrechnung auf Arbeitsstunden ist für jede Mehrarbeitsstunde 1/173 des Monatsgehaltes zuzüglich des Mehrarbeitszuschlages (nach tariflicher Regelung zumeist 25% für die ersten beiden, 50% für weitere Überstunden, mindestens jedoch 25% nach § 15 AZO für jede Mehrarbeitsstunde) anzusetzen. Hat der Arbeitnehmer in den Abrechnungszeiträumen der Referenzperiode Überstunden in unterschiedlicher Höhe gelei-

---

248 Vgl. *Schmatz/Fischwasser* II, S. L 402. Diese Berechnungsmethode gewährleistet am ehesten gerechte Ergebnisse, weil sie – im Gegensatz zur Stundenberechnung – mit nur einem einzigen Durchschnittswert, nämlich den durchschnittlichen monatlichen Arbeitstagen im Kalenderjahr (z. B. 1980 22 Arbeitstage) auskommt.
249 *BAG*, 12. 9. 1959, AP Nr. 9 zu § 2 ArbKrankhG = BB 1959 S. 1290; *Schmatz/Fischwasser*, wie FN 248.
250 Grundlegend *BAG*, 24. 10. 1963, AP Nr. 18 zu § 2 ArbKrankhG = BB 1963 S. 1297, 1377; 5. 11. 1964, AP Nr. 21 zu § 2 ArbKrankhG = BB 1965 S. 372 und 30. 9. 1966, AP Nr. 28 zu § 2 ArbKrankhG = BB 1966 S. 1394.
251 *BAG*, 8. 5. 1972, AP Nr. 3 zu § 2 LohnFG = BB 1972 S. 858; *Schmatz/Fischwasser* II, Gehaltsfortzahlung für Angestellte IV 1 b, bb, S. L 405; *Landvogt*, DB 1970 S. 1883.

stet, so muß hinsichtlich der auf einen Abrechnungszeitraum entfallenden Überstunden ein Durchschnittswert angenommen werden[252], der für den Fall, daß nur für einen Teil eines Abrechnungszeitraumes das Gehalt fortzuzahlen ist, anteilig zu berechnen ist[253].

Bei der Berechnung variabler Bezüge, insbesondere von Provisionen, kann dagegen nicht ohne weiteres der nach dem Lohnausfallprinzip für die Krankheitsperiode mutmaßlich entstehende Anspruch mit Hilfe einer Durchschnittsberechnung auf der Grundlage der Werte einer Referenzperiode ermittelt werden. Es kommt hier sehr auf die Umstände des Einzelfalles an, weil gerade bei den gegen Fixum und Provision tätigen Angestellten hinsichtlich Gestaltung und Abrechnung des variablen Entgeltteiles höchst unterschiedliche Regelungen denkbar sind und praktiziert werden. Hat der Angestellte einen festen Kundenstamm geworben, der laufende Geschäftsbeziehungen zum Arbeitgeber unterhält, dann behält er Provisionsansprüche aus Geschäften, die der Arbeitgeber mit den vom Arbeitnehmer geworbenen Kunden während der Krankheitszeit abschließt, auch dann, wenn der erkrankte Arbeitnehmer an diesen Geschäftsabschlüssen nicht mitgewirkt hat[254]. Handelt es sich aber nach dem Wesen der Branche oder der Art des Unternehmens um Einmalgeschäfte (Investitionsgüter, Versicherungen, Lesezirkel), dann kann die Berechnungsmethode nach dem Referenzprinzip angewendet werden, indem zur Ermittlung der mutmaßlichen Provision das Durchschnittseinkommen eines vorhergehenden Zeitabschnitts zugrunde gelegt wird[255]. Erhält der Angestellte, wie vielfach üblich, zwischen den Abrechnungsterminen Provisionsvorschüsse oder -abschlagszahlungen gegen spätere Verrechnung, so sind diese bei krankheitsbedingter Arbeitsverhinderung weiterzuzahlen. Führt dies bei der Endabrechnung zu einer niedrigeren Provision, muß ein Ausgleich nach dem oben dargelegten Referenzprinzip vorgenommen werden, soweit nicht die Grundsätze des Provisionsrechtes bereits eine Einbuße verhindern.

Naturalbezüge sind im vereinbarten Umfange bei krankheitsbedingter Verhinderung an der Arbeitsleistung weiterzugewähren, soweit sie entgegengenommen werden können. Ist das nicht möglich, müssen sie in bar entsprechend ihrem tatsächlichen Wert abgegolten werden[256]. Im Geltungsbe-

---

252 *BAG*, 5. 11. 1964, AP Nr. 21 zu § 2 ArbKrankhG = BB 1965 S. 372.
253 Beispiel: Der sechswöchige Gehaltszahlungszeitraum endet bei fortdauernder krankheitsbedingter Arbeitsverhinderung mit dem 11. 6. 1980. Bei der Gehaltsfortzahlung war Mehrarbeitsvergütung für 30 Überstunden pro Abrechnungszeitraum zu berücksichtigen. Auf die Zeit vom 1. bis 11. 6. 1980 (acht Arbeitstage) entfallen sonach (30 : 22 × 8 =) 11 Überstunden.
254 *BAG*, 3. 6. 1958, AP Nr. 1 zu § 89b HGB = BB 1958 S. 775.
255 *BAG*, 12. 10. 1956, AP Nr. 4 zu § 63 HGB = BB 1957 S. 257.
256 *BAG*, 22. 9. 1960, AP Nr. 27 zu § 616 BGB = BB 1960 S. 1203.

reich des § 616 BGB kommt bei stationärer Krankenhausbehandlung eine Barabgeltung für freie Verpflegung nicht in Betracht, weil sich der Arbeitnehmer die Leistungen der Krankenversicherung nach § 616 Abs. 1 Satz 2 BGB insoweit anrechnen lassen muß[257]. Eine solche Anrechnung ist nach § 63 Abs. 2 HGB ausdrücklich ausgeschlossen. Die darin zum Ausdruck kommende unterschiedliche Behandlung von Handlungsgehilfen und sonstigen Angestellten ist zwar sachlich nicht gerechtfertigt, dürfte jedoch im Falle der Barabgeltung für freie Verpflegung bei stationärer Krankenhausbehandlung keine große praktische Bedeutung haben, da heutzutage im Angestelltenbereich die Gewährung von Naturalbezügen in Form von freier Verpflegung Ausnahmecharakter hat.

Für die Umrechnung der Naturalbezüge können die jährlich gemäß § 17 Nr. 3 SGB IV festgesetzten Sachbezugswerte, die für den Geltungsbereich des Berufsbildungsgesetzes (§ 12 Abs. 2) maßgebend sind, Anhaltspunkte liefern. Im seemännischen Heuerverhältnis ist Barabgeltung für die nach §§ 39, 78 SeemG neben der Heuer zu gewährende angemessene Verpflegung nicht vorgesehen[258].

c) *Berechnung bei Arbeitern*

1. Grundregelung: Nach § 2 Abs. 1 Satz 1 LohnFG ist dem Arbeiter „das ihm bei der für ihn maßgebenden regelmäßigen Arbeitszeit zustehende Arbeitsentgelt fortzuzahlen". Diese Grundregelung ist nur auf Arbeiter mit fester, nach konstanten Zeiteinheiten (Stunde, Tag, Woche, Monat) berechneter Vergütung anzuwenden und gilt nur, wenn und soweit eine vom Gesetz abweichende tarifliche oder günstigere einzelvertragliche Regelung fehlt. Das Kriterium „maßgebend" ist hier eindeutig auf den einzelnen anspruchsberechtigten Arbeiter bezogen. Das bedeutet, daß es in erster Linie weder auf die gesetzliche Höchstarbeitszeit noch auf die tarifliche Wochenarbeitszeit noch auf die betriebsübliche tägliche ankommt, sondern entscheidend ist, welche Arbeitszeit Inhalt des individuellen Arbeitsverhältnisses[259] ist, der durch tarifvertragliche Bestimmungen, kollektivrechtliche Regelungen auf Betriebsebene (Betriebsvereinbarungen), einzelvertragliche Absprachen und auch durch betriebliche Übung gestaltet ist[260]. Der weitaus häufigste Gestaltungsfaktor wird dabei die tarifliche Arbeitszeitregelung sein, wobei es nicht entscheidend ist, ob der Tarifvertrag insoweit normativ wirkt oder nur einzelvertraglich in Bezug genommen wird. Daneben spielt aber auch die

---

257 *BAG*, 22. 9. 1960, wie FN 256.
258 *Schmatz/Fischwasser* II, Gehaltsfortzahlung für Angestellte IV 1 b, bb, S. L 407.
259 *BAG*, 18. 1. 1973, AP Nr. 4 zu § 2 LohnFG = BB 1973 S. 522.
260 Vgl. *Bobrowski/Gaul*, I, D III Rdnrn. 26 ff; *Molitor*, AR-Blattei, Arbeitspflicht I zu E; *Nikisch* I, § 27 III 4.

kollektive Regelung durch Betriebsvereinbarung eine große Rolle, zumal die Mantel- oder Rahmentarifverträge durchweg Öffnungsklauseln dahingehend enthalten, daß für bestimmte Arbeitnehmergruppen mit z.T. erheblicher Arbeitsbereitschaft (Pförtner, Heizer, Maschinisten) eine längere als die tarifliche Wochenarbeitszeit betrieblich vereinbart werden kann. Einzelvertragliche Arbeitszeitvereinbarungen ohne Anlehnung an Kollektivregelungen sind im gewerblichen Bereich nur selten, etwa bei Vorstandsfahrern und Hauspersonal, anzutreffen.

Als Zeiteinheit der Arbeitszeit gilt der Arbeitstag. Bei der Ermittlung der für den Arbeiter maßgebenden Arbeitszeit ist daher der Umfang der von ihm täglich zu leistenden Arbeit zugrunde zu legen, der sich aus dem Tarif oder nach § 87 Abs. 1 Nr. 2 BetrVG vorzunehmenden Verteilung der wöchentlichen Arbeitszeit auf die Wochentage ergibt. Bereitet bei Wechselschichtbetrieb die Feststellung der regelmäßigen Arbeitszeit Schwierigkeiten, so ist notfalls der Schichtplan aus der letzten vor Beginn der Arbeitsunfähigkeit liegenden Lohnabrechnungsperiode zugrunde zu legen, wenn ein gleicher oder ähnlicher Turnus voraussichtlich auch für die Zeit der Arbeitsunfähigkeit gelten wird. Andernfalls sind Änderungen des Schichtplans bei der Festlegung des für die Lohnfortzahlung maßgebenden Zeitfaktors zu berücksichtigen[261].

Über den Einfluß von Mehrarbeit auf die Ermittlung der maßgebenden regelmäßigen Arbeitszeit enthält das Lohnfortzahlungsgesetz keine ausdrückliche Bestimmung. Hier sind jedoch die allgemeinen Grundsätze anzuwenden, die von der Rechtsprechung bereits zum vorher geltenden Arbeiterkrankheitsgesetz entwickelt worden sind (vgl. oben 3 b). Danach ist Überstundenarbeit dann regelmäßig[262] und bei der Ermittlung der für den Arbeiter maßgebenden regelmäßigen Arbeitszeit mitzurechen, wenn sie grundsätzlich mindestens drei Monate oder 13 Wochen ununterbrochen geleistet worden ist, bei Beginn der Arbeitsunfähigkeit noch andauert und während der Zeit der Arbeitsunfähigkeit anhält[263]. Dem letztgenannten Kriterium

---

261 Vgl. hierzu *Brecht*, § 2 Anm. 12; *Doetsch/Schnabel/Paulsdorff*, § 2 Anm. 7; *Kaiser*, § 2 Anm. 36; *Kehrmann/Pelikan*, § 2 Rdnr. 5; *Schmatz/Fischwasser* I, § 2 LohnFG, Anm. II 2 f., S. C 219.

262 Das Kriterium „regelmäßig" ist nicht erst dann erfüllt, wenn die Mehrarbeit an den einzelnen Tagen, Wochen und Monaten der maßgebenden Referenzperiode stets in gleichem Umfange geleistet ist, sondern schon dann, wenn sie von Woche zu Woche in stets schwankendem Umfange angefallen ist, aber immer wiederkehrt. Ggf. muß in diesem Falle eine Durchschnittsberechnung angestellt werden; hierzu *BAG*, 24. 10. 1963, AP Nr. 18 zu § 2 ArbKrankhG = BB 1963 S. 1337.

263 *BAG*, 8. 5. 1972, AP Nr. 3 zu § 2 LohnFG = BB 1972 S. 858; 18. 1. 1973, AP Nr. 4 zu § 2 LohnFG = BB 1973 S. 522; *Becher*, § 2 Rdnrn. 6 ff.; *Brecht*, § 2 Anm. 10; *Doetsch/Schnabel/Paulsdorff*, § 2 Anm. 5; *Kaiser*, § 2 Anm. 30; *Schmatz/Fischwasser* I, § 2 LohnFG Anm. II 2 c, S. C 217. Die vergangenheitsbezogene Betrachtungsweise für das Kriterium der Regel-

mißt das Bundesarbeitsgericht neuerdings entscheidende Bedeutung bei, indem das Kriterium der Regelmäßigkeit schon dann als gegeben angesehen wird, wenn Überstunden ausschließlich im Lohnfortzahlungszeitraum regelmäßig anfallen[264]. Daraus folgt, daß entsprechend dem Lohnausfallprinzip die Überarbeit auch dann zu der für den Arbeiter maßgebenden regelmäßigen Arbeitszeit wird, wenn sie weder vor noch nach, sondern ausschließlich während des Lohnfortzahlungszeitraumes, in diesem jedoch regelmäßig und nicht nur gelegentlich angefallen ist. Dabei genügt es, wenn die Überarbeit erst nach der Erkrankung angeordnet worden ist[265]. Andererseits ist Überarbeit bei der Bestimmung der regelmäßigen Arbeitszeit nicht zu berücksichtigen, wenn sie bei oder kurz vor Beginn der Arbeitsunfähigkeit wegfällt. Etwas anderes gilt nur dann, wenn die Überstundenarbeit nach der Krankheit fortgesetzt wird, sie also nur gerade während der Zeit der Arbeitsunfähigkeit ausfällt[266].

Die Mehrarbeit wird bei der für die Lohnfortzahlung zugrundezulegenden maßgebenden regelmäßigen Arbeitszeit in der Weise berücksichtigt, daß sie der für die Grundvergütung geltenden Zeiteinheit hinzugerechnet wird. Ist wegen inkonstanter Überstundenleistung in einer Referenzperiode (drei Monate oder 13 Wochen) eine Durchschnittsberechnung durchzuführen, muß die Gesamtzahl der in dieser Referenzperiode angefallenen Mehrarbeitsstunden durch 78 dividiert werden[267].

Fehlstunden und Fehltage aus früheren Lohnabrechnungszeiträumen haben keinen Einfluß auf die regelmäßige Arbeitszeit, sofern sie nur, was die Regel sein dürfte, gelegentlich anfallen[268].

---

mäßigkeit lehnen als unvereinbar mit dem Lohnausfallprinzip ab: *ArbG Berlin,* 26. 6. 1970, EEK I/114; *Kehrmann/Pelikan,* § 2 Rdnr. 3; *Röhsler,* a. a. O., III Entgeltfortzahlung A Arbeiter.
264 *BAG,* 15. 2. 1978 – 5 AZR 739/76 –, BB 1978 S. 1011; *Hessel,* Anm. zu AP Nr. 3 zu § 2 LohnFG; *Doetsch/Schnabel/Paulsdorff,* § 2 Rdnr. 6; *Brecht,* § 2 Rdnr. 11; *Kehrmann/Pelikan,* § 2 Rdnr. 3; *Töns,* C, § 2 LohnFG Anm. III 3 b (2); *Schmatz/Fischwasser* I, § 2 LohnFG Anm. II 2 c, S. C 217, 218.
265 *BAG,* 15. 2. 1978, wie FN 264.
266 *BAG,* 24. 10. 1963, AP Nr. 18 zu § 2 ArbKrankhG = BB 1963 S. 1337 und 28. 11. 1963, AP Nr. 20 zu § 2 ArbKrankhG = BB 1964 S. 133.
267 Dieser Divisor ergibt sich aus der Multiplikation der Wochen des Dreimonatszeitraumes (13) mit der Zahl der Werktage pro Woche (6); er muß in zahlreichen Tarifverträgen bei Durchschnittsberechnungen verwendet werden und ist daher bei automatischer Lohnabrechnung ohnehin programmiert.
268 *ArbG Bochum,* 25.6.1971, EEK I/222. Zum Problem regelmäßiger Fehlstunden beim Geldfaktor vgl. *BAG,* 20.10.1966, AP Nr. 29 zu § 2 ArbKrankhG = BB 1967 S. 206; *Töns,* C, § 2 LohnFG Anm. III 2 a.

2. **Besonderheiten beim Leistungslohn:**
Erhält der Arbeiter Akkordlohn oder eine sonstige auf das Arbeitsergebnis abgestellte Vergütung, so ist der in der maßgebenden regelmäßigen Arbeitszeit erzielbare Durchschnittsverdienst fortzuzahlen (§ 2 Abs. 1 Satz 3 LohnFG). Diese Bestimmung, die für alle Arten der Leistungsentlohnung[269] gilt, schreibt ein modifiziertes Lohnausfallprinzip (s. dazu oben VIII 1b) vor. Der Berechnungsfaktor des erzielbaren Durchschnittsverdienstes, der genauso individuell zu bestimmen ist wie die maßgebende regelmäßige Arbeitszeit, ist nicht identisch etwa mit dem Akkordrichtsatz oder dem in Prozenten ausgedrückten betriebsüblichen Akkordüberverdienst, sondern weitgehend auch vom persönlichen Leistungsgrad des einzelnen Akkordarbeiters und der Art der auszuführenden Arbeiten (Serien- oder Einzelfertigung) abhängig. Hinzu kommt, daß infolge des vermehrten Einsatzes numerisch gesteuerter Bearbeitungsmaschinen die sog. „unbeeinflußbaren Zeiten" relativ hoch sind. Da sich alle diese Umstände einer exakten Vorausberechnung im Sinne des reinen Lohnausfallprinzips[270] entziehen, kann der Wert des „erzielbaren" Durchschnittsverdienstes nur mittels einer Hilfsrechnung gewonnen werden, indem aus Gesamtverdienst und der Gesamtstundenzahl der letzten Lohnabrechnungsperiode bzw. der letzten abgerechneten vier Wochen ein Durchschnittsstundenlohn gebildet wird[271]. Dieser wird in der Regel eine zuverlässige Beurteilung des erzielbaren Verdienstes ermöglichen. In Ausnahmefällen dürfte ein längerer Bezugszeitraum, z. B. die letzten abgerechneten drei Monate oder 13 Wochen, zugrundezulegen sein. Ungewöhnliche Fakten, wie Kurzarbeit, einmalige Zuwendungen und Vor- bzw. Nachholzeiten in der Referenzperiode, die den Akkorddurchschnitt beeinflußt haben, sind aus der Durchschnittsberechnung für Zwecke der Lohnfortzahlung im Krankheitsfalle herauszunehmen, was u. U. bei automatisierter Lohnabrechnung problematisch werden kann. Auf Grund des bei Leistungslöhnern modifiziert anzuwendenden Lohnausfallprinzips muß aber die Arbeitsleistung neu bewertet werden, wenn der Durchschnittsverdienst des Bezugszeitraumes wegen geänderter Akkordsätze oder sonst veränderter Arbeitsbedingungen bei Eintritt oder während der Arbeitsunfähigkeit eindeutig von dem Ergebnis abweichen würde, das der Arbeiter bei Weiterarbeit erzielt hätte.

---

269 Zum Begriff der Leistungsentlohnung vgl. *Bobrowski/Gaul* I, E I Rdnr. 5.
270 Vgl. oben VIII 1. Das verkennen *LAG Düsseldorf,* 22.5.1975, DB 1975 S. 2456 und *Kehrmann/Pelikan*, § 2 Rdnr. 22, die hinsichtlich der Lohnfortzahlung im Krankheitsfalle bei Akkordarbeitern das reine Lohnausfallprinzip anwenden wollen.
271 *BAG*, 29.9.1971, AP Nr. 28 zu § 1 FeiertagslohnzG = BB 1972 S. 711; *ArbG Kiel*, 20.10.1976, BB 1976 S. 1608; *Becher*, § 2 Rdnr. 27; *Brecht*, § 2 Anm. 20; *Doetsch/Schnabel/Paulsdorff*, § 2 Anm. 17; *Schmatz/Fischwasser* I, § 2 LohnFG Anm. II 2 b, S. C 215.

Problematisch wird die Berechnung des erzielbaren Durchschnittsverdienstes bei Arbeitnehmern im Gruppenakkord. Bei dieser Unterart der Akkordentlohnung wird – im Gegensatz zum Einzelakkord – nicht die individuelle, sondern die Arbeitsleistung einer aus mehreren Arbeitnehmern bestehenden Akkordgruppe insgesamt nach dem gemeinsam erzielten Arbeitsergebnis vergütet[272]. Hier ist dem erkrankten Akkordarbeiter der bisher auf ihn entfallene, nach dem Durchschnittsprinzip berechnete Teil des Gesamtentgelts weiterzuzahlen, da nur dies dem Merkmal des „erzielbaren" Durchschnittsverdienstes gerecht wird. Alle Versuche, diesen Begriff im Falle des Gruppenakkords an dem im Lohnfortzahlungszeitraum erzielten Entgelt der verbleibenden Akkordgruppe zu orientieren und damit zukunftsbezogen zu deuten[273], müssen deswegen scheitern, weil beim Ausfall eines Akkordgruppenmitgliedes – falls nicht zur Zeitlohnarbeit übergegangen wird – die Gesamtleistung für die verbleibenden Mitglieder neu vorgegeben wird und somit der auf ein verbleibendes Gruppenmitglied entfallene Teil des (Rest-) Gruppenverdienstes nicht mehr das widerspiegelt, was die vollständige Gruppe bei unveränderter Vorgabe verdient hätte und damit für den Erkrankten „erzielbar" war.

3. Lohnfortzahlung bei Kurzarbeit:
Wird im Betrieb bereits vor Beginn der Arbeitsunfähigkeit eines Arbeiters Kurzarbeit eingeführt, so vermindert sich der Umfang der für die Lohnfortzahlung maßgebenden regelmäßigen Arbeitszeit entsprechend. Der Arbeiter erhält, wenn er nach Einführung von Kurzarbeit arbeitsunfähig wird, das gemäß § 2 Abs. 2 LohnFG geminderte Arbeitsentgelt und außerdem nach § 164 Abs. 2 AFG als Kranken- oder Hausgeld den Betrag des Kurzarbeitergeldes, den er erhalten würde, wenn der Betrieb während der Arbeitsunfähigkeit Kurzarbeit einführt[274].

Geht aber der Betrieb während der Arbeitsunfähigkeit wieder zur Vollarbeit über, so ist ggf. das fortzuzahlende Arbeitsentgelt wieder nach der ursprünglich, d. h. ohne Kurzarbeit maßgebenden regelmäßigen Arbeitszeit zu berechnen. Das gilt auch für gesetzliche Feiertage, die in die Zeit der Kurzarbeit fallen (§ 2 Abs. 2 Satz 2 LohnFG in Verbindung mit § 1 Abs. 2 und § 1 Abs. 1 Satz 2 FLG)[275].

---

272 *Bobrowski/Gaul* I, E V Rdnr. 58 m.w.N. in der dortigen FN 78.
273 Vgl. *LAG Düsseldorf*, 9.10.1975, ArbuR 1976 S. 218; *Kehrmann/Pelikan*, § 2 Rdnr. 22; *Schmatz/Fischwasser* I, § 2 LohnFG Anm. II 2 d, S. C 216.
274 *BAG*, 6.10.1976, AP Nr. 6 zu § 2 LohnFG = BB 1977 S. 295; *Schmatz/Fischwasser* I, § 2 LohnFG Anm. II 2 d, S. C 218.
275 Vgl. auch *LAG Hamm*, 15.12.1977, BB 1978 S. 1267.

4. Vorrang des Tarifvertrages:

Der in § 1 Abs. 1 LohnFG zum Ausdruck kommende Grundsatz der vollen Lohnfortzahlung ist, wie in den anderen gesetzlichen Bestimmungen, zwingendes Recht und weder durch Tarifvertrag noch durch Betriebsvereinbarungen oder durch Einzelarbeitsvertrag zu Ungunsten des Arbeitnehmers abdingbar, wie insbesondere in § 9 LohnFG ausdrücklich festgehalten ist. Hinsichtlich der Entgeltberechnung enthält jedoch das Gesetz in § 2 Abs. 3 eine unter dem offenbaren Eindruck der sozialpolitischen und rechtlichen Verdienste der Tarifpartner um die Entwicklung des Arbeitsrechts und ihrer Praxisnähe in den einzelnen Berufs- und Industriezweigen[276] eine sehr weitgehende Tariföffnungsklausel, die im Interesse der Betriebspraxis sehr zu begrüßen ist und von der im großen Umfange Gebrauch gemacht worden ist[277]. Allerdings bedeutet das hier normierte Vorrangsprinzip der Tarifautonomie, daß auch zu Ungunsten der Arbeitnehmer von den Vorschriften des LohnFG abgewichen werden kann, soweit sie Umfang und Höhe des fortzuzahlenden Arbeitsentgelts regeln, da der Wortlaut des § 2 Abs. 3 LohnFG insoweit dem § 13 Abs. 1 Satz 1 BUrlG entspricht.

Die hiernach zulässige Abweichung vom Gesetz kann sich auf folgende Gegenstände erstrecken: Begriffe des Arbeitsentgelts, insbesondere Einbeziehung von Sonderzulagen und Prämien oder Ausschluß solcher Zuwendungen[278], Bestimmung der für die Lohnfortzahlung individuell maßgebenden regelmäßigen Arbeitszeit; Festlegung einer anderen als der gesetzlichen Berechnungsmethode[279]; Regelung der Entgeltfortzahlung bei Kurzarbeit.

Um es der Praxis zu ermöglichen, daß in einem Betrieb, in dem tarifgebundene und tariffreie Arbeiter beschäftigt sind, bei der Lohnfortzahlung im Krankheitsfalle einheitlich verfahren wird, bestimmt § 2 Abs. 3 Satz 2 LohnFG, daß auch zwischen nicht tarifgebundenen Arbeitgebern und Arbeitnehmern die Anwendung des einschlägigen Tarifvertrages vereinbart werden kann. Voraussetzung ist jedoch, daß in dem in Frage kommenden Wirtschaftszweig eine einschlägige tarifliche Regelung besteht und ihr die betroffenen Arbeitnehmer freiwillig, ggf. stillschweigend, zustimmen.

---

276 So ausdrücklich Schriftlicher Bericht des BT-Ausschusses für Arbeit – 21. Ausschuß – zum BUrlG vom 30.11.1962 – BTDrucks. IV/785 zu II und III § 13.
277 Die MTV der Metallindustrie enthalten durchweg mehr oder weniger von § 2 Abs. 1 LohnFG abweichende Bestimmungen über die Berechnung des bei Arbeitsunfähigkeit fortzuzahlenden Arbeitsentgelts.
278 So auch *Brecht*, § 2 Anm. 27; *Schmatz/Fischwasser* I, § 2 LohnFG Anm. III, S. C 220. Die abweichende Ansicht von *Becher*, § 2 Rdnr. 32, *Doetsch/Schnabel/Paulsdorff*, § 2 Anm. 21, *Kaiser*, § 2 Anm. 52 und *Kehrmann/Pelikan*, § 2 Rdnr. 28, die nur eine Abweichung hinsichtlich der Berechnungsart für zulässig halten, findet im Gesetz keine Stütze.
279 *BAG*, 21.9.1971, AP Nr. 2 zu § 2 LohnFG (MTV für gewerbliche Arbeitnehmer der Druckindustrie § 8 Nr. 2) und 6.10.1976, AP Nr. 6 zu § 2 LohnFG = BB 1977 S. 295 (MTV für gewerbl. ArbN in der Papier, Pappe und Kunststoff verarbeitenden Industrie § 12 Nr. 2).

IX. Anzeige- und Nachweispflichten

1. Die Anzeige der Arbeitsverhinderung

a) *Rechtsgrundlagen*

Eine gesetzliche Bestimmung über die Pflicht des Arbeitnehmers, dem Arbeitgeber die krankheitsbedingte Verhinderung anzuzeigen, findet sich nur in § 3 Abs. 1 Satz 1 LohnFG. Hiernach muß der Arbeiter dem Arbeitgeber die Arbeitsunfähigkeit unverzüglich anzeigen. „Unverzüglich" bedeutet nach der Legaldefinition in § 121 Abs. 1 Satz 1 BGB „ohne schuldhaftes Zögern", d. h. nicht sofort, sondern innerhalb einer nach den Umständen angemessenen Frist[280]. Außerhalb des LohnFG ist die Anzeigepflicht meist kollektivrechtlich geregelt, häufig in Betriebsvereinbarungen (Arbeits- oder Betriebsordnungen), weniger in Tarifverträgen. Auch einzelvertraglich finden sich relativ selten Bestimmungen darüber. Wo solche Regelungen fehlen, ist die Verpflichtung des Arbeitnehmers zur Anzeige seiner Arbeitsverhinderung aus seiner allgemeinen Treuepflicht abzuleiten[281]. Hiernach muß der Arbeitnehmer den Arbeitgeber entweder vor oder unmittelbar nach Eintritt der Arbeitsverhinderung informieren, und zwar bei vorhersehbarer Arbeitsverhinderung durch Kuren, Sterilisation, Schwangerschaftsabbrüchen oder geplantem Krankenhausaufenthalt so frühzeitig vorher, daß sich der Arbeitgeber bei der Disposition des Arbeitseinsatzes darauf einstellen kann. Im Regelfall des unvorhersehbaren Eintritts der Erkrankung ist die Arbeitsverhinderung im oben dargelegten Sinne „unverzüglich" anzuzeigen[282].

b) *Form und Inhalt der Anzeige*

Über Form und Inhalt der Anzeige gibt es ebenfalls keine ausdrücklichen Vorschriften, auch nicht in § 3 Abs. 1 LohnFG. Die Unterrichtung des Arbeitgebers ist also formlos, durch Telefonanruf, persönliche Benachrichtigung durch Arbeitskollegen oder auf dem Postwege möglich. Aus der Mitteilung muß zu ersehen sein, daß es sich um eine krankheitsbedingte Arbeitsverhinderung handelt und wie lange diese voraussichtlich dauern wird. Der mutmaßliche Krankheitsbefund braucht nicht angegeben zu werden, eine entsprechende Verpflichtung dazu etwa im Arbeitsvertrag wäre sogar als

---

280 Vgl. RGZ Bd. 75 S. 357; Bd. 124 S. 118; *Palandt/Heinrichs*, § 121 Anm. 3.
281 Vgl. *BAG*, 9.4.1960, AP Nr. 12 zu § 63 HGB = NJW 1960 S. 1413 und 30.1.1976, BB 1976 S. 696; *Hueck/Nipperdey* I, § 44 Anm. 68; *Schmatz/Fischwasser* II, Gehaltsfortzahlung für Angestellte V, S. L 501.
282 *BAG*, 30.1.1976, wie FN 281; *LAG Nürnberg*, 9.4.1975, EEK I/476. In der Literatur werden teilweise andere Formulierungen verwendet; vgl. *Hueck/Nipperdey* I, § 44 III 1 e und *Nikisch* I, § 43 II 8 („sobald als möglich"). Sachliche Unterschiede sind aber nicht erkennbar.

Eingriff in die Intimsphäre unwirksam[283]. Nur in Ausnahmefällen dürfte ein berechtigtes Interesse des Arbeitgebers gegeben sein, die Art der Erkrankung zu erfahren, und dementsprechend eine Pflicht des Arbeitnehmers nach Treu und Glauben (§ 242 BGB) bestehen, Angaben darüber zu machen, etwa bei ansteckenden Krankheiten, die besondere Dispositionen des Arbeitgebers erfordern[284] oder bei Wiedererkrankung an einem nicht ausgeheilten Grundleiden wegen deren Bedeutung für die Entgeltfortzahlung (s. oben VI 4).

2. Die Nachweispflicht

a) *Rechtsgrundlagen*

Eine gesetzliche Verpflichtung zum Nachweis der krankheitsbedingten Arbeitsverhinderung besteht nur nach § 1 Abs. 1 LohnFG. Hiernach muß der Arbeiter, der seine Arbeitsunfähigkeit unverzüglich und ordnungsgemäß angezeigt hat, vor Ablauf des dritten Kalendertages nach Beginn der Arbeitsunfähigkeit eine ärztliche Bescheinigung nachreichen und ggf. später die Vorlage wiederholen, wenn die Arbeitsunfähigkeit länger dauert als in der ersten Bescheinigung angegeben (Näheres s. unten b). Für die übrigen Arbeitnehmer ist die Nachweispflicht weitaus überwiegend tariflich oder betrieblich durch die Arbeitsordnung (Betriebsordnung) geregelt. Diese Vorschriften enthalten durchweg detaillierte Bestimmungen über einzuhaltende Fristen und den sonstigen Inhalt der verlangten Nachweise. Soweit Arbeitsverhältnisse nicht von solchen kollektivrechtlichen Regelungen normativ erfaßt sind bzw. nicht unter deren persönlichen Geltungsbereich fallen, wie das bei den leitenden und „außertariflichen" (AT-)Angestellten der Fall ist, sind Bestimmungen über den Nachweis krankheitsbedingter Arbeitsverhinderungen einzelvertraglich vereinbart. Wo solche Vereinbarungen ausnahmsweise fehlen, folgt die Nachweispflicht aus der dem Wesen des Arbeitsverhältnisses eigenen Treuepflicht, die insbesondere bei längeren Erkrankungen oder begründeten Zweifeln an der Richtigkeit der Krankmeldung

---

283 Vgl. *LAG Düsseldorf*, 3.5.1961, DB 1961 S. 1104; *Schmatz/Fischwasser* II, Gehaltsfortzahlung für Angestellte V, S. 502.
284 Vgl. *LAG Bayern*, 7.7.1950, BB 1951 S. 140; *LAG Bremen*, 28.3.1956, AP Nr. 17 zu § 626 BGB = BB 1956 S. 623; *Denecke*, BB 1951 S. 259; *Schmatz/Fischwasser* II, Gehaltsfortzahlung für Angestellte V 2, S. L 503; Teil I § 3 LohnFG Anm. I b; *Kaiser*, § 3 Anm. 9; *Spix-Papenheim*, S. 22. A.A. *Brecht*, § 3 Anm. 8 und *Kehrmann/Pelikan*, § 3 Rdnr. 2, die den Arbeitnehmer in keinem Falle für verpflichtet halten, die Art der Erkrankung mitzuteilen. Dadurch wird aber nur, was diese Autoren bei ihrem Engagement für die Intimsphäre des Arbeitnehmers übersehen, die Geltendmachung von Leistungsverweigerungsrechten durch den Arbeitgeber provoziert und somit den Arbeitnehmern ein Bärendienst erwiesen.

dem Arbeitnehmer gebietet, dem Arbeitgeber auf dessen Verlangen ein ärztliches Zeugnis über Bestehen und voraussichtliche Dauer einer Verhinderung an der Arbeitsleistung infolge Krankheit vorzulegen[285]. Das gilt auch für die zu ihrer Berufsausbildung Beschäftigten[286].

b) *Die Vorschrift des § 3 LohnFG*

Die Regelung der Nachweispflicht in § 3 Abs. 1 Satz 1 LohnFG übernimmt im Grunde nur einen bereits weitgehend betrieblich oder tariflich geregelten Tatbestand. Gleichwohl bedürfen einige im betrieblichen Alltag häufig auftretende Fragen der Klärung:

1. Zeitpunkt für die Vorlage der ärztlichen Bescheinigung:
Dem Arbeitgeber muß das Attest vor Ablauf des dritten Kalendertages nach Beginn der Arbeitsunfähigkeit zugehen, d. h. so in den Machtbereich des Arbeitgebers bzw. der in seinem Namen insoweit handelnden Stelle (Vorgesetzter, Personalabteilung) gelangt sein, daß unter normalen Umständen von ihr Kenntnis genommen werden konnte[287], Abgabe etwa beim Nachtpförtner am späten Abend bewirkt also den Zugang erst am nächsten Tag. Für diese Fristberechnung gelten die Vorschriften des BGB, insbesondere die §§ 187 und 193. Die Dreitagesfrist beginnt also am Tag nach dem Eintritt der Arbeitsunfähigkeit und endet, wenn der dritte Kalendertag auf einen Sonntag, Feiertag oder arbeitsfreien Sonnabend fällt, am darauffolgenden Werktag[288].

2. Bei kurzfristigen Erkrankungen bis zu drei Tagen Dauer ist eine Nachweispflicht aus rechtlichen, vor allem aber aus praktischen Erwägungen zu verneinen.

Die Formulierung des Gesetzes in § 3 Abs. 1 Satz 2 LohnFG, daß der Arbeiter „vor Ablauf des dritten Kalendertages nach Beginn der Arbeitsunfähigkeit eine ärztliche Bescheinigung über die Arbeitsunfähigkeit sowie deren voraussichtliche Dauer nachzureichen" hat, läßt meines Erachtens keinen Zweifel darüber aufkommen, daß die Arbeitsunfähigkeit im Zeitpunkt der Inanspruchnahme des Arztes noch andauern muß. Da dieser Zeitpunkt ma-

---

285 *LAG Bremen*, 28.3.1956, wie FN 284; *Nikisch* I, § 43 II 2 m.w.N. Unklar insoweit *Schmatz/Fischwasser* II S. L 504, die offenbar für diese Fälle eine Nachweispflicht bejahen, sonst aber grundsätzlich eine solche Pflicht verneinen. Vgl. auch *BAG*, 9.4.1960, AP Nr. 12 zu § 63 HGB = NJW 1960 S. 1413, das ebenfalls eine Nachweispflicht bei längeren Erkrankungen aus dem Wesen des Arbeitsverhältnisses herleitet. Ausführlich zu der Problematik mit zahlreichen Nachweisen *Krent*, BB 1961 S. 99.
286 A.A. *Sommer*, Nachweis der Krankheit, AR-Blattei D, Krankheit des Arbeitnehmers II.
287 Vgl. RGZ Bd. 50 S. 194; *BGH*, 27.1.1965, NJW 1965 S. 965 (966); *BAG*, 16.1.1976, BB 1976 S. 696.
288 So auch *Schmatz/Fischwasser* I, § 3 LohnFG Anm. I 2 a, S. C 306.

ximal am 6. Tage nach Eintritt der Erkrankung liegen kann[289], der Arzt aber nur in ganz besonders gelagerten Ausnahmefällen die Arbeitsunfähigkeit rückwirkend und dann auch nur für zwei Tage bescheinigen kann[290], wäre der Nachweis nicht mehr zu führen, wenn die Arbeitsunfähigkeit nur am ersten oder zweiten Tag des Sechstageszeitraumes bestanden hätte. Der Arbeitgeber brauchte für diese Tage den Lohn nicht fortzuzahlen. Das führt im Ergebnis zu einer Schlechterstellung der Arbeiter gegenüber den Angestellten, bei denen gewohnheitsrechtlich oder kollektivrechtlich verankert ein Nachweis nur bei längeren Erkrankungen vorgesehen ist, und kann angesichts des mit dem Lohnfortzahlungsgesetz verfolgten Zwecks, die Rechtsstellung beider Arbeitnehmergruppen im Krankheitsfalle zu vereinheitlichen, nicht richtig sein[291].

Abgesehen von diesen rechtlichen Erwägungen und dem fehlenden Beweiswert einer rückdatierten Arbeitsunfähigkeitsbescheinigung[292], würde der Arbeiter, von dem man auch bei eintägiger Arbeitsunfähigkeit ein ärztliches Attest verlangt, dadurch von vornherein gezwungen, in jedem Falle einen Arzt aufzusuchen, der dann als „voraussichtliche Dauer" der Arbeitsunfähigkeit mit Sicherheit einen längeren Zeitraum als nur einen Tag bescheinigen dürfte. Auf diese Weise erhöhen sich unnötigerweise durch eine Verlängerung der Ausfallzeit die wirtschaftlichen Belastungen der Lohnfortzahlung für den Arbeitgeber[293].

3. Inhalt der Bescheinigung:
Die dem Arbeitgeber vorgelegte Bescheinigung wird vom behandelnden[294] Arzt in der Regel auf einem Mustervordruck nach § 21 BMV-Ä erteilt. Sie

---

289 Bei Beginn der Arbeitsunfähigkeit beispielsweise an einem Mittwoch ist der Dreitageszeitraum bei Anwendung der Fristbestimmungen der §§ 187, 193 BGB noch gewahrt, wenn der Arbeiter am darauffolgenden Montag zum Arzt geht und anschließend die Arbeitsunfähigkeitsbescheinigung beim Arbeitgeber abgibt. Der Arbeitnehmer muß die Möglichkeit haben, die Frist voll auszunutzen; vgl. *ArbG München*, 30.3.1976, BB 1976 S. 553.
290 Vgl. BMV-Ä vom 28.8.1978 (DOK 1978 S. 795), § 21.
291 Anders die offenbar von *Doetsch/Schnabel/Paulsdorff*, § 3 Rdnr. 4 kritiklos und ohne Begründung übernommene herrschende Auffassung, die auch bei ganz kurzfristigen Erkrankungen die Vorlage eines Attestes verlangt; vgl. *Becher*, § 3 Rdnr. 10; *Brecht*, § 3 Anm. 11; *Kaiser*, § 3 Anm. 17; *Kehrmann/Pelikan*, § 3 Rdnr. 3; *Schmatz/Fischwasser* I, § 3 LohnFG Anm. I 2 a, S. C 307; *Spix/Papenheim*, S. 9. Aus der Rechtsprechung: *ArbG Berlin*, 19.6.1970, EEK I/072.
292 So zutreffend *Weiland*, Die rückdatierte Arbeitsunfähigkeitsbescheinigung, BB 1979 S. 1096 (1097 f.). Vgl. auch *LAG Hamm*, 21.5.1975, DB 1975 S. 1228.
293 Die Erfahrungen in der Praxis bestätigen, daß nur eine Minderheit von Arbeitnehmern beider Gruppen mit der Dreitagesfrist für den Nachweis der Arbeitsunfähigkeit Mißbrauch treibt („Mittwochs-Grippe"). Die Abstellung solcher Mißstände dürfte aber weniger ein rechtliches als ein personalpolitisches Problem sein.
294 Ein Arzt, der den Arbeitnehmer nicht behandelt hat, kann keine ordnungsgemäße Arbeitsunfähigkeitsbescheinigung ausstellen; vgl. *Otten*, DB 1976 S. 389.

muß das Vorliegen von Arbeitsunfähigkeit sowie deren voraussichtliche Dauer bestätigen und den Vermerk enthalten, daß dem Träger der gesetzlichen Krankenversicherung unverzüglich eine weitere Bescheinigung übersandt wird, die außerdem noch Angaben über den Krankheitsbefund enthält. Die für den Arbeitgeber bestimmmte ärztliche Bescheinigung braucht dagegen Angaben über die Art der Erkrankung nicht zu enthalten. Das kann u. U. die Beurteilung der Frage erschweren, ob eine Fortsetzungskrankheit vorliegt (s. oben VI 4). Im Einzelfalle, so bei ansteckenden Krankheiten, kann die dem Arbeitnehmer obliegende Treuepflicht gebieten, sich über die Art seiner Krankheit zu äußern[295].

4. Wiederholte Bescheinigung

Dauert die Arbeitsunfähigkeit länger als in der ersten ärztlichen Bescheinigung angegeben, so ist der Arbeiter verpflichtet, ebenfalls unverzüglich, d. h. möglichst noch vor Ablauf der ersten Arbeitsunfähigkeitsfrist, spätestens jedoch im Laufe des Tages, an dem der Arbeiter nach Ablauf der ersten Arbeitsunfähigkeitsfrist seine Tätigkeit hätte wieder aufnehmen müssen, eine neue Bescheinigung vorzulegen (§ 3 Abs. 1 Satz 2 LohnFG). Das folgt aus dem Gesamtzusammenhang der Vorschrift und der allgemeinen Arbeitsvertragspflicht[296].

5. Auslandsaufenthalt

Besondere Nachweispflichten bestehen nach dem LohnFG bei Aufenthalt des Arbeitnehmers im Ausland (§ 3 Abs. 2 LohnFG). In diesem Falle muß der Arbeiter nicht nur dem Arbeitgeber, sondern auch seiner gesetzlichen Krankenkasse die Arbeitsunfähigkeit und deren voraussichtliche Dauer anzeigen. Über das Verfahren im einzelnen hat der BDO mit Zustimmung der BDA eine Regelung erlassen, die die Bestimmungen des LohnFG mit den Vorschriften des zwischen-staatlichen Krankenversicherungsrechts sinnvoll verknüpft[297]. Die Regelung, die für die EG-Staaten, Griechenland, Jugoslawien, Portugal, Rumänien, Schweden, Spanien und die Türkei gilt, sieht u. a. vor, daß sich der im Ausland erkrankte Arbeitnehmer von einem Vertrauensarzt des ausländischen Krankenversicherungsträgers untersuchen läßt. Dieser unterrichtet sodann die deutsche Krankenkasse, die ihrerseits

---

295 Das zur Anzeigepflicht Gesagte gilt auch hier; vgl. die Nachweise in FN 284.
296 *Becher*, § 3 Rdnr. 21; *Doetsch/Schnabel/Paulsdorff*, § 3 Anm. 6; *Schmatz/Fischwasser* I, § 3 LohnFG Anm. I 1 c, S. C 308. Vgl. auch *LAG Saarbrücken*, 10.3.1971, EEK I/152 und *LAG Berlin*, 7.8.1979, DB 1980 S. 115.
297 Rundschreiben vom 10.12.1969 Nr. 72/1969 der Deutschen Verbindungsstelle – Krankenversicherung Ausland – beim Bundesverband der Ortskrankenkassen, abgedruckt bei *Plöger/Wortmann*, Deutsche Sozialversicherungsabkommen mit ausländischen Staaten, Bd. 5 I, XIX Griechenland S. 54.

den deutschen Arbeitgeber von der Arbeitsunfähigkeitsmeldung in Kenntnis setzt[298].

c) *Beweiswert der ärztlichen Bescheinigung*

Mit der Vorlage einer entsprechenden ärztlichen Bescheinigung hat der Arbeitnehmer seiner aus dem Gesetz bzw. einer kollektiv- oder einzelvertraglichen Bestimmung folgenden Pflicht zum Nachweis der auf Krankheit beruhenden Verhinderung an der Arbeitsleistung genügt. Darin erschöpft sich zunächst die Bedeutung des Attestes. Im Prozeß ist die Arbeitsunfähigkeitsbescheinigung zwar ein Beweismittel von hohem Rang, begründet aber für die Tatsache der Erkrankung keine gesetzliche Vermutung im Sinne von § 292 ZPO[299], sondern rechtfertigt allenfalls den aus der Lebenserfahrung gezogenen Schluß, d. h. die Tatsachenvermutung[300], daß der Arbeitnehmer, der eine ärztliche Bescheinigung vorlegt, auch tatsächlich durch Krankheit an der Arbeitsleistung verhindert ist. Diese Tatsachenvermutung kann durch vom Arbeitgeber darzulegende und zu beweisende Umstände, die ernsthafte und begründete Zweifel an der Richtigkeit der Bescheinigung auslösen können, entkräftet und im Rahmen der richterlichen Beweiswürdigung (§ 286 ZPO) beseitigt werden[301]. Solche Zweifel sind begründet, wenn der Arbeitnehmer sein „Krankfeiern" vorher angekündigt oder während der bescheinigten Arbeitsunfähigkeitsdauer Schwarzarbeit verrichtet hat[302] oder sich einer angeordneten vertrauensärztlichen Begutachtung entzieht[303]. Eine ärztliche Bescheinigung, die allein auf eine fernmündliche Krankheitsmitteilung der Ehefrau des Arbeiters dem Arzt gegenüber von diesem ausgestellt

---

298 Siehe dazu im einzelnen *Brill*, DB 1971 S. 1159; *Birk*, DB 1973 S. 1551 und *Marburger*, DB 1978 S. 1419.
299 *BAG*, 11.8.1976, AP Nr. 2 zu § 3 LohnFG = BB 1976 S. 1663. Die Annahme einer gesetzlichen Vermutung i.S. des § 292 ZPO würde hier bedeuten, daß der Arbeiter nur die Ausstellung eines Attestes beweisen müßte, und der Arbeitgeber den vollen Beweis des Gegenteils anzutreten hätte. Für diese Annahme bieten jedoch, worauf das *BAG*, a.a.O., zutreffend hinweist, der Wortlaut des § 3 LohnFG und der übrigen Gehaltsfortzahlungsbestimmungen keinen Anhalt. Siehe auch *BAG*, 4.10.1978, AP Nr. 3 zu § 3 LohnFG = BB 1979 S. 577.
300 Vgl. hierzu *Baumbach/Lauterbach/Albers/Hartmann*, ZPO, 38. Auflage 1980, § 292 Anm. 1 b.
301 Mißverständlich und terminologisch unsauber daher *LAG Hamm*, 9.3.1971, BB 1971 S. 1155 und 9.4.1975, DB 1975 S. 1035; *LAG Baden-Württemberg/Stuttgart*, 6.11.1970, BB 1971 S. 40 und *LAG Schleswig-Holstein*, 3.9.1975, EEK I/071, die von einer „widerlegbaren Vermutung" sprechen und dem Arbeitgeber die volle Darlegungs- und Beweislast für das „Nichtvorliegen der Arbeitsunfähigkeit" aufbürden. Vgl. aber *LAG Hamm*, 20.12.1974, DB 1975 S. 841.
302 Vgl. *Lepke*, DB 1974 S. 478; *Barwasser*, DB 1976 S. 1332 zu III, *Töns*, C, § 3 LohnFG Anm. C V 2 c. Zum Beweiswert der ärztlichen Arbeitsunfähigkeitsbescheinigung vgl. auch *ArbG Berlin*, 4. 12. 1979, DB 1980 S. 598.
303 *BAG*, 3.10.1972, AP Nr. 1 zu § 5 LohnFG = BB 1973 S. 88.

worden ist, hat keinen Beweiswert[304]; das gleiche muß grundsätzlich für eine rückdatierte Arbeitsunfähigkeitsbescheinigung gelten[305]. Andererseits kann aus der Weigerung, sich einer tariflich vorgesehenen ärztlichen Nachuntersuchung zu unterziehen, nicht von vornherein auf das Nichtvorhandensein einer echten Erkrankung geschlossen werden, weil die Beurteilung darüber, ob der Arbeitnehmer tatsächlich krank war, allein der richterlichen Beweiswürdigung vorbehalten ist[306].

3. Rechtsfolgen bei Verletzung der Anzeige- und Nachweispflicht

a) *Allgemeines*

Die Anzeige- und Nachweispflichten sind keine selbständig einklagbaren Hauptpflichten aus dem Arbeitsverhältnis, sondern unselbständige Nebenpflichten des Arbeitnehmers, der die Entgeltfortzahlung begehrt. Die Einhaltung dieser Nebenpflichten ist keine materielle Voraussetzung der Entgeltfortzahlungsansprüche; ebensowenig gibt es grundsätzlich ein Recht des Arbeitgebers, die Erfüllung der Entgeltfortzahlungsansprüche von der Vorlage der Nachweise abhängig zu machen[307], weil sowohl die Aufstellung weiterer als im Gesetz genannter Voraussetzungen für die Entgeltfortzahlung als auch die Annahme gesetzlich nicht normierter Leistungsverweigerungsrechte mit dem Unabdingbarkeitscharakter der Entgeltfortzahlungsbestimmungen nicht vereinbar wäre. Eine Ausnahme gilt insoweit nur bei A r b e i t e r n gemäß § 5 LohnFG (s. unten b).

Die Verletzung der Anzeige- und Nachweispflichten kann aber nach den Gegebenheiten des Einzelfalles S c h a d e n s e r s a t z a n s p r ü c h e auslösen (s. unten c) oder zur Kündigung des Arbeitsverhältnisses führen (unten c).

b) *Leistungsverweigerungsrecht nach § 5 LohnFG*

§ 5 LohnFG gibt dem Arbeitgeber ein z e i t w e i l i g e s Leistungsverweigerungsrecht, wenn der Arbeiter die in § 3 Abs. 1 Satz 1 LohnFG erwähnte ärztliche Bescheinigung über die Arbeitsunfähigkeit nicht vorlegt oder solange er bei Auslandsaufenthalt die Arbeitsunfähigkeit nicht angezeigt und durch eine ärztliche Bescheinigung nachgewiesen hat; ferner, wenn der Arbeiter nicht die zur Geltendmachung des Schadensersatzanspruches beim ge-

---

304 *LAG Hamm*, 21.5.1975, DB 1975 S. 1228, bestätigt durch *BAG*, 11.8.1976, wie FN 299.
305 Vgl. *Weiland*, BB 1979 S. 1096.
306 Vgl. *BAG*, 4.10.1978, AP Nr. 3 zu § 3 LohnFG = BB 1979 S. 577. In dieser Entscheidung ist die bedeutsame Frage, ob im Geltungsbereich des LohnFG Nachweispflichten über die gesetzliche Regelung hinaus vereinbart werden können, offengelassen worden.
307 *BAG*, 9.4.1960, AP Nr. 12 zu § 63 HGB = BB 1960 S. 663 = NJW 1960 S. 1413.

setzlichen Forderungsübergang (§ 4 Abs. 2 LohnFG; vgl. hierzu oben IV 5) erforderlichen Angaben gemacht hat. Zur dauernden Leistungsverweigerung ist der Arbeitgeber berechtigt, wenn der Arbeiter den gesetzlichen Forderungsübergang nach § 4 Abs. 1 LohnFG verhindert, indem er etwa auf einen Schadensersatzanspruch verzichtet oder darüber zum Nachteil des Arbeitgebers einen Vergleich schließt. Das Wesen dieses Leistungsverweigerungsrechtes ergibt sich aus der besonderen Natur der durch das LohnFG zwischen Arbeitgeber und Arbeitnehmer begründeten Rechtsbeziehungen: Der Arbeitgeber schuldet zwar die Lohnfortzahlung bei Krankheit, hat aber seinerseits keinen fälligen Gegenanspruch aus § 3 LohnFG, da, wie oben a) ausgeführt, die dem Arbeitnehmer nach dieser Vorschrift obliegenden Anzeige- und Nachweispflichten nur Nebenpflichten sind, die keinen selbständig einklagbaren Anspruch begründen. Somit stehen sich nicht zwei selbständige Leistungspflichten gegenüber. Aus diesem Grunde handelt es sich bei dem Recht aus § 5 LohnFG nicht um ein echtes Zurückbehaltungsrecht im Sinne des § 273 Abs. 1 BGB. Die hierzu entwickelten Grundsätze, insbesondere die in § 274 BGB vorgesehene Verurteilung Zug um Zug, sind also unanwendbar[308].

Die Geltendmachung des Leistungsverweigerungsrechtes setzt wesensmäßig voraus, daß der Arbeiter einen fälligen Anspruch hat. Daher findet § 5 LohnFG nur Anwendung, wenn der Lohnfortzahlungsanspruch als solcher dem Grunde und der Höhe nach feststeht. Solange die allgemeinen Voraussetzungen des Anspruches auf Lohnfortzahlung noch streitig sind, handelt es sich in exakter zivilprozessualer Nomenklatur um ein Bestreiten des Anspruches bzw. um Klage- oder Anspruchsleugnung, nicht um die Geltendmachung eines Leistungsverweigerungsrechtes[309].

Die praktische Bedeutung des zeitweiligen Leistungsverweigerungsrechtes, dessen Hauptanwendungsfall die verspätete Vorlage der Arbeitsunfähigkeitsbescheinigung durch Überschreitung der Dreitagesfrist bildet[310], ist gering. § 5 LohnFG gibt dem Arbeitgeber im Prozeß zwar eine rechtshemmende Einrede, die zur Abweisung der Klage als „zur Zeit unbegründet" führt, da eine Verurteilung Zug um Zug nicht möglich ist, aber das Leistungsverweigerungsrecht kommt in Fortfall, sobald der Arbeiter die Bescheinigung, wenn auch verspätet, vorlegt[311]. Das kann etwa bei einer Kurbescheinigung nach § 7 LohnFG erst nach durchgeführter Kur der Fall sein[312]. Eine

---
308 *Schmatz/Fischwasser* I, § 5 LohnFG Anm. I S. C 501.
309 Dieser oft verkannte Unterschied hat vor allem wegen der unterschiedlichen prozessualen Folgen, insbesondere bei der Beweislast, größere als nur terminologische Bedeutung.
310 Vgl. die zahlreichen Nachweise über Entscheidungen der Instanzgerichte bei *Schmatz/Fischwasser* I, § 5 LohnFG Anm. II 1, S. C 503.
311 *BAG*, 27.8.1971, AP Nr. 1 zu § 3 LohnFG = BB 1971.S 1461.
312 *BAG*, 5.5.1972, AP Nr. 1 zu § 7 LohnFG = BB 1972 S. 1189.

Erweiterung des Leistungsverweigerungsrechtes auf nicht in § 5 LohnFG genannte Fälle kommt nicht in Betracht: Verhindert der Arbeitnehmer die vertrauensärztliche Begutachtung der Arbeitsunfähigkeit, so berechtigt dies allein den Arbeitgeber ebensowenig zur Verweigerung der Lohnfortzahlung wie die Weigerung des Arbeitnehmers, sich einer tariflich vorgeschriebenen Nachuntersuchung durch einen Vertrauensarzt des Arbeitgebers zu unterziehen[313].

Das dauernde Leistungsverweigerungsrecht bei Verhinderung des gesetzlichen Forderungsüberganges nach § 4 Abs. 1 LohnFG ist praktisch ein Ausfluß der allgemeinen Arglisteinrede und führt als rechtsvernichtende Einrede zur endgültigen Klageabweisung, doch dürfte auch hier die praktische Bedeutung gering sein. So hat bisher der Streit einiger Kommentatoren, ob der Arbeitgeber ein endgültiges Leistungsverweigerungsrecht in vollem oder teilweisem Umfange des fortzuzahlenden Lohnes hat, wenn der Schädiger nur zu teilweisem Schadensersatz verpflichtet ist oder der Arbeitnehmer nur teilweise zu Lasten des Arbeitgebers über den Schadensersatzanspruch verfügt[314], die Rechtsprechung, soweit ersichtlich, nicht beschäftigt und soll daher hier nicht um eine weitere Stimme vermehrt werden.

Über die Verwirkung des Entgeltfortzahlungsanspruches s. unten X 2.

c) *Schadensersatzansprüche*

Es sind Fälle denkbar, daß durch die Verletzung der Anzeigepflicht dem Arbeitgeber ein Schaden entsteht, insbesondere wenn ein Arbeitnehmer in leitender Position, dessen Anwesenheit im Betrieb erforderlich ist, lediglich seine Abwesenheit mitteilt, ohne Vorkehrungen über seine Vertretung zu treffen[315]. Dann ist der Arbeitgeber berechtigt, Ersatz des Schadens zu verlangen, der ihm dadurch entstanden ist, daß er von der Verhinderung nicht oder nicht rechtzeitig erfahren hat[316]. Die Verletzung der Nachweispflicht begründet nur dann Schadensersatzansprüche, wenn sich der Angestellte die ärztliche Bescheinigung arglistig erschlichen hat[317].

---

313 *BAG*, 3.10.1972, AP Nr. 1 zu § 5 LohnFG = BB 1973 S. 88 und 4.10.1978, AP Nr. 3 zu § 3 LohnFG = BB 1979 S. 577.
314 Für volles Leistungsverweigerungsrecht in beiden Fällen: *Brecht*, § 5 Anm. 13; *Schmatz/ Fischwasser* I, § 5 LohnFG II 2 S. C 505; für eingeschränktes Leistungsverweigerungsrecht in beiden Fällen: *Kaiser*, § 5 Anm. 12; *Bleistein*, Tz. 92, 93; *Becher*, § 5 Anm. 5; *Kehrmann/Pelikan*, § 5 Anm. 12.
315 Vgl. den Fall in *BAG*, 30.1.1976, BB 1976 S. 696.
316 Vgl. *Hueck/Nipperdey* I, § 44 III 1 e; *Nikisch* I, § 43 II 8; *Schmatz/Fischwasser* II, S. L 505.
317 Vgl. *LAG Berlin*, 20.2.1978, BB 1978 S. 812.

X. Wegfall des Entgeltfortzahlungsanspruches

1. Unzulässigkeit der Rechtsausübung

a) *Allgemeines*

Wie im gesamten Rechtsleben gilt auch für die Entgeltfortzahlung im Krankheitsfalle der Grundsatz des § 242 BGB, daß jedermann in der Ausübung seiner Rechte und bei der Erfüllung seiner Pflichten nach Treu und Glauben zu handeln hat. Diese „Innenschranke des Rechts"[318] hat vor allem die Funktion, die Rechtsausübung zu b e g r e n z e n: Die „Rechts"ausübung, die gegen Treu und Glauben verstößt, ist in Wirklichkeit keine Ausübung des Rechts, sie ist mißbräuchlich und daher unzulässig[319]. Andererseits ist aber die für die Rechtsanwendung bedeutsamste Generalklausel des § 242 BGB – was heute gelegentlich auch in der Rechtsprechung des Bundesarbeitsgerichts übersehen wird[320] – keine allgemeine Billigkeitsvorschrift, die dem Richter die Befugnis gäbe, gesetzliche oder vertragliche Rechtsfolgen durch scheinbar „billigere" oder „angemessenere" Regelungen zu ersetzen[321]. Der § 242 BGB hat vielmehr die Aufgabe, „der Rechtsausübung dort eine Grenze zu setzen, wo die sich aus der sozialethischen Gebundenheit des Rechts ergebenden Schranken eindeutig überschritten sind"[322].

Von den hiernach möglichen Formen unzulässiger Rechtsausübung, die zum Wegfall des Anspruches führen, kommen im Recht der Entgeltfortzahlung bei Krankheit vornehmlich die Fälle in Betracht, in denen der anspruchsberechtigte Arbeitnehmer das ausgeübte Recht – hier den Anspruch auf Entgeltfortzahlung – durch unredliches, d. h. gesetz-, sitten- oder vertragswidriges Verhalten erworben hat (Einwand des arglistigen Rechtserwerbes, exceptio doli specialis = praeteriti) oder in denen dem Berechtigten die Verletzung eigener Pflichten zur Last fällt[323].

---

318 So *Siebert*, Verwirkung und Unzulässigkeit der Rechtsausübung, 1934, S. 85.
319 Vgl. *Palandt/Heinrichs*, § 242 Anm. 1 b
320 Anschauungsmaterial dazu bietet insbesondere die Rechtsprechung des Dritten Senats des *BAG* zur betrieblichen Altersversorgung.
321 RGZ Bd. 131 S. 177; *BGH*, 14.7.1954, NJW 1954 S. 1524 (1525); *Palandt/Heinrichs*, § 242 Anm. 1a bb); *Soergel/Siebert*, § 242 Anm. 4.
322 *Palandt/Heinrichs*, wie FN 321.
323 Ein gesetzlich geregelter Fall unzulässiger Rechtsausübung ist das endgültige Leistungsverweigerungsrecht nach § 5 Nr. 2 LohnFG bei Verhinderung des gesetzlichen Forderungsüberganges nach § 4 durch den ArbN, s. oben IV 5.

b) *Unzulässige Rechtsausübung im Entgeltfortzahlungsrecht*

Angesichts der hiernach gebotenen Zurückhaltung bei der Anwendung des § 242 BGB und wegen des zwingenden Charakters der Entgeltfortzahlungsbestimmungen muß der Einwand der unzulässigen Rechtsausübung auf offenbare Fälle unredlichen Verhaltens beschränkt werden[324]. „Arglistiger Rechtserwerb" in diesem Sinne ist beispielsweise gegeben, wenn sich ein Arbeitnehmer in Kenntnis seiner Arbeitsunfähigkeit ein Arbeitsverhältnis erschleicht[325] oder sich die zur Verhinderung an der Arbeitsleistung führende Krankheit bei einer (Neben-)Tätigkeit zugezogen hat, die gegen gesetzliche Bestimmungen oder den Arbeitsvertrag verstößt[326]. Erzielt etwa ein Arbeiter seinen Lebensunterhalt überwiegend durch selbständige Tätigkeit in seiner Landwirtschaft, so kann das Verlangen der Lohnfortzahlung nach den allgemeinen Grundsätzen von Treu und Glauben rechtsmißbräuchlich sein[327]. Auch bei einem mißglückten Selbsttötungsversuch (siehe oben IV 2d) ist der Einwand der unzulässigen Rechtsausübung in Ausnahmefällen denkbar[328], zumal für einen Verstoß gegen Treu und Glauben kein Verschulden erforderlich ist[329]. Dieser Frage kann hier nicht weiter nachgegangen werden; sie läßt sich wohl auch nur an Hand der Umstände des Einzelfalles unter Feststellung des Begriffsinhalts von Treu und Glauben[330] unter Berücksichtigung der Verkehrssitte in den beteiligten Kreisen beantworten.

Einen breiteren Raum als der Einwand des „arglistigen" Rechtserwerbs nimmt im Entgeltfortzahlungsrecht der andere Fall der unzulässigen Rechts-

---

324 *BAG*, 21.1.1960, AP Nr. 13 zu § 1 ArbKrankhG = BB 1960 S. 326 und 9.4.1960, AP Nr. 12 zu § 63 HGB = BB 1960 S. 663.
325 *LAG Stuttgart*, 30.6.1953, AP Nr. 1 zu § 63 HGB = BB 1953 S. 887; *ArbG Dortmund*, 24.6.1970, EEK I/092.
326 Das ist z.B. der Fall, wenn durch eine Nebenbeschäftigung die nach der Arbeitszeitordnung zulässige tägliche Arbeitszeit überschritten wird oder wenn die Nebentätigkeit die Arbeitskraft des Arbeitnehmers derart in Anspruch nimmt, daß er die ihm gegenüber seinem (Haupt-) Arbeitgeber obliegenden Vertragspflichten nicht mehr hinreichend erfüllen kann; vgl. hierzu *BAG*, 21.1.1960, wie FN 324; *LAG Frankfurt a.M.*, 8.6.1971, BB 1972 S. 87 und 12.4.1976, BB 1976 S. 1560. Dagegen dürfte der Umstand, daß ein Arbeitnehmer bei bezahltem Fußballspielen arbeitsunfähig geworden ist, heute nicht mehr den Einwand der unzulässigen Rechtsausübung begründen können, nachdem das Bundesarbeitsgericht inzwischen seine Rechtsprechung zur Trennung der Risikosphären bei mehrfacher Tätigkeit aufgegeben hat; vgl. *BAG*, 7.11.1975, AP Nr. 38 zu § 1 LohnFG = BB 1976 S. 228.
327 *BAG*, 28.2.1972, AP Nr. 19 zu § 1 LohnFG = DB 1972 S. 1245. Das gilt nicht für sog. Nebenerwerbslandwirte, vgl. *BAG*, 24.2.1972, AP Nr. 17 zu § 1 LohnFG.
328 Offengelassen in *BAG*, 29.2.1979 – 5 AZR 611/77 –, BB 1979 S. 1243 = NJW 1979 S. 2326.
329 *BGH*, 31.1.1975, BGHZ Bd. 64 S. 9; *Soergel/Siebert*, § 242 Anm. 10; *Palandt/Heinrichs*, § 242 Anm. 1c.
330 Im Wortsinn des BGB bedeutet „Treue" eine auf Zuverlässigkeit, Aufrichtigkeit und Rücksichtnahme beruhende äußere und innere Haltung gegenüber einem anderen, „Glauben" das Vertrauen auf eine solche Haltung; *Staudinger/Weber*, § 242 Anm. A 124; *Palandt/Heinrichs*, § 242 Anm. 1 c.

ausübung ein, in dem dem Arbeitnehmer die Verletzung eigener Pflichten zur Last fällt. Auch hier ist schon deshalb Vorsicht bei der Anerkennung eines entsprechenden Einwandes geboten, der gelegentlich als „Verwirkung" bezeichnet wird[331], weil es keinen allgemeinen Grundsatz gibt, daß nur derjenige Rechte geltend machen kann, der sich selbst rechtstreu verhalten hat[332]. Darum ist das Verlangen des Arbeitnehmers nach Entgeltfortzahlung nur dann als rechtsmißbräuchlich anzusehen, wenn er während der krankheitsbedingten Verhinderung an der Arbeitsleistung strafbare oder andere sittlich und rechtlich zweifelsfrei zu mißbilligende Handlungen begangen hat[333] und sein Verhalten für die Verlängerung der Arbeitsverhinderung ursächlich ist[334]. Der Arbeitnehmer ist zwar nicht zu einem besonders „gesundheitsfördernden" Verhalten verpflichtet[335], muß dieses aber so einrichten, daß der Arbeitgeber durch unnötiges Hinauszögern des Heilungsprozesses keinen Schaden erleidet[336]. Gleichwohl ist Rechtsmißbrauch nur gegeben, wenn das zur Verlängerung der krankheitsbedingten Arbeitsverhinderung führende Verhalten des Arbeitnehmers ungewöhnlich leichtfertig und mutwillig war, etwa ärztliche Anweisungen grob mißachtet wurden[337]. Der Einwand der unzulässigen Rechtsausübung greift schließlich durch gegen den Gehaltsfortzahlungsanspruch eines Arbeitnehmers, der eine schwere, zur

---

331 Rechtstheoretisch handelt es sich bei diesem Fall der unzulässigen Rechtsausübung um den „Einwand der gegenwärtigen Arglist" (exceptio doli generalis = praesentis), der von der weiter unten behandelten „Verwirkung" im eigentlichen Sinne zu unterscheiden ist, die aus dem Verbot des venire contra factum proprium abgeleitet wurde.
332 *BGH*, 14.7.1971, NJW 1971 S. 1747.
333 *BAG*, 11.11.1965, AP Nr. 40 zu § 1 ArbKrankhG = BB 1966 S. 81; *LAG Baden-Württemberg/Mannheim*, 9.10.1968, EEK I/053 (ganztägige Teilnahme an einem Schweißlehrgang); *LAG Baden-Württemberg/Stuttgart*, 25.6.1964, BB 1964 S. 965 (Verzögerung der Wiederherstellung der Arbeitsfähigkeit durch Mißachtung ärztlicher Anordnungen); *ArbG Reutlingen*, 24.10.1972, AP Nr. 27 zu § 1 LohnFG (Unfall bei verbotener Feiertagsarbeit bei einem anderen Arbeitgeber); *ArbG Dortmund*, 10.3.1977, BB 1977 S. 698 (Unfall während Ganztagsarbeit im Urlaub).
334 *Brill*, BB 1971 S. 1374; *Schmatz/Fischwasser* I, § 1 LohnFG, Anm. III 2 b, S. C 138; *Doetsch/Schnabel/Paulsdorff*, § 1 Rdnr. 16.
335 *ArbG Berlin*, 9.10.1974, BB 1975 S. 93; *Schmatz/Fischwasser* I, § ; LohnFG Anm. III 2 b, S. C 139.
336 *BAG*, 11.11.1965, AP Nr. 40 zu § 1 ArbKrankhG = BB 1960 S. 80 (Teilnahme an einer Wallfahrt); *ArbG Berlin*, wie FN 335; *Lepke*, DB 1974 S. 430 ff.
337 Das ist beispielsweise nicht der Fall bei geringfügiger Überschreitung der Dosis eines verordneten Medikamentes (*LAG Düsseldorf*, 16.4.1958, BB 1958 S. 1133) oder Übertretung eines ärztlichen Alkoholverbotes bei Entwöhnungsschwierigkeiten (*LAG Baden-Württemberg*, 25.6.1964, BB 1964 S. 965). Vgl. demgegenüber *LAG Frankfurt a.M.*, 26.4.1971, BB 1972 S. 87, das den Entgeltfortzahlungsanspruch verneint, wenn die Arbeitsunfähigkeit auf Alkoholmißbrauch trotz vorherigen Alkoholverbotes beruht. Dagegen führt die Reparatur von Landmaschinen auf dem elterlichen Hof nicht zum Verlust des Entgeltfortzahlungsanspruches, wenn diese Tätigkeit nicht zu einer Verschlimmerung der Krankheit geführt hat oder hätte führen können (*LAG Nürnberg*, 21.9.1979, BB 1980 S. 262).

fristlosen Kündigung berechtigende Vertragsverletzung begangen hat, die fristlose Kündigung aber nur infolge Rücksichtnahme oder Unkenntnis des Arbeitgebers nicht ausgesprochen wurde[338].

c) *Der Einwand im Prozeß*

Durch den Grundsatz des § 242 BGB wird der Anspruch als solcher eingeschränkt. Dem „Recht" des Klägers steht also nicht ein „Gegenrecht" des Beklagten in Gestalt einer Einrede gegenüber. Daher ist ein Verstoß gegen Treu und Glauben im Prozeß von Amts wegen zu berücksichtigen[339]. Soweit sich die Mißbräuchlichkeit des Rechtsbegehrens nicht schon aus dem eigenen Vortrag des Klägers, sondern erst aus dem Gegenvorbringen des Beklagten ergibt, trifft diesen die Beweislast[340].

2. Verwirkung

Allgemein handelt es sich bei der Verwirkung um einen Sonderfall der unzulässigen Rechtsausübung, nämlich um die Folgen aus dem eigenen widersprüchlichen Verhalten (venire contra factum proprium)[341]. Nach der höchstrichterlichen Rechtsprechung ist ein Anspruch „verwirkt", wenn seit der Möglichkeit seiner Geltendmachung längere Zeit verstrichen ist und besondere Umstände hinzutreten, auf Grund derer die verspätete Geltendmachung gegen Treu und Glauben verstößt[342]. Das ist insbesondere der Fall, wenn der Arbeitgeber aus dem früheren Verhalten des Arbeitnehmers schließen mußte, daß dieser keine Ansprüche mehr erheben werde[343]. Durch das sog. „Umstandsmoment" unterscheidet sich die Verwirkung von der Verjährung, die durch reinen Zeitablauf eintritt.

Im Recht der Entgeltfortzahlung bei krankheitsbedingter Verhinderung an der Arbeitsleistung sind Fälle, in denen beide Voraussetzungen des Verwirkungstatbestandes vorliegen, naturgemäß selten und nur im Zusammenhang mit der verspäteten Vorlage der Arbeitsunfähigkeitsbescheinigung nach § 3

---

338 *BAG*, 9.4.1960, AP Nr. 12 zu § 63 HGB = BB 1960 S. 663.
339 *BGH*, 12.7.1951, BGHZ Bd. 3 S. 94 (103) = NJW 1951 S. 917; 16.2.1954, BGHZ Bd. 12 S. 304 = NJW 1954 S. 1241; 14.10.1959, BGHZ Bd. 31 S. 84 = NJW 1960 S. 194; 23.5.1962, BGHZ Bd. 37 S. 152 = NJW 1962 S. 1344.
340 *BGH*, 27.1.1954, BGHZ Bd. 12 S. 154, 160 = NJW 1954 S. 508 und 22.4.1964, NJW 1964 S. 1853.
341 Zum rechtstheoretischen Unterschied gegenüber dem auch als Verwirkung bezeichneten Einwand der gegenwärtigen Arglist s. oben FN 331.
342 RGZ Bd. 158 S. 107; *BGH*, 25.3.1965, BGHZ Bd. 43 S. 292 = NJW 1965 S. 1532; *BAG*, 9.7.1958, BAGE Bd. 6 S. 165 (167) = AP Nr. 9 zu § 242 BGB Verwirkung = BB 1958 S. 984.
343 *BAG*, 10.1.1956, AP Nr. 3 zu § 242 BGB Verwirkung.

Abs. 1 LohnFG denkbar. Doch legt hier die Rechtsprechung einen sehr strengen Maßstab an: Selbst wenn die Arbeitsunfähigkeitsbescheinigung erst nach Wiedergenesung oder gar erst nach dem Ende des Arbeitsverhältnisses vorgelegt wird, kann sich der Arbeitgeber nicht auf Verwirkung berufen, wenn der Arbeitnehmer nur rechtzeitig mitgeteilt hatte, daß er noch weiter arbeitsunfähig sei[344]. Da auch die Verwirkung als Sonderfall der unzulässigen Rechtsausübung das Recht inhaltlich begrenzt, ist sie im Prozeß ebenfalls von Amts wegen zu berücksichtigen[345]. Der Schuldner (Arbeitgeber) muß darlegen und beweisen, daß der Gläubiger (Arbeitnehmer) längere Zeit mit der Geltendmachung seiner Forderung zugewartet hat, während daraufhin dem Gläubiger (Arbeitnehmer) die Aufgabe zufällt, substantiiert zu bestreiten, indem er darzulegen hat, wann und gegebenenfalls unter welchen Umständen er die Forderung in der zurückliegenden Zeit geltend gemacht hat[346].

3. Verzicht

Von den bisher behandelten Fällen des Wegfalls eines Anspruches auf Entgeltfortzahlung bei Krankheit unterscheidet sich der Verzicht durch seinen Rechtscharakter: Er ist seinem Wesen nach, zumindest im Schuldrecht, ein Erlaßvertrag zwischen Gläubiger (= Arbeitnehmer) und Schuldner (= Arbeitgeber), dem eine rechtsgeschäftliche Willensäußerung zugrunde liegt[347] und kann grundsätzlich nur entstandene, wenn auch betagte oder bedingte Ansprüche erfassen. Ein Erlaßvertrag in dieser Form ist unwirksam, soweit auf Ansprüche nicht verzichtet werden kann. Das gilt im Arbeitsrecht unbestritten für Tariflohnansprüche (§ 4 TVG). Eine differenzierte Betrachtung erfordert indessen die Frage, ob und unter welchen Voraussetzungen auch ein Verzicht auf Lohnfortzahlungsansprüche mit dem Unabdingbarkeitscharakter insbesondere nach § 9 LohnFG vereinbar ist. Dabei muß man unterscheiden, ob es sich um künftige oder bereits entstandene Ansprüche handelt und ob das Arbeitsverhältnis weiterbesteht oder beendet ist.

Ein – an sich sprachlich und begrifflich ausgeschlossener – „Erlaß" künftiger Forderungen bewirkt grundsätzlich, daß solche Ansprüche gar nicht erst entstehen[348]. Das gilt jedoch nicht für unabdingbare gesetzliche Ansprüche. Auf den Entgeltfortzahlungsanspruch bei krankheitsbedingter Arbeitsverhinde-

---

344 *BAG*, 27.8.1971, AP Nr. 1 zu § 3 LohnFG = BB 1971 S. 1461. Vgl. auch *LAG Berlin*, 14.5.1971, EEK I/175: Keine Verwirkung bei Vorlage der Arbeitsunfähigkeitsbescheinigung am 17. Tage der Arbeitsunfähigkeit.
345 *BGH*, 10.11.1965, NJW 1966 S. 343 (345).
346 *BGH*, 19.5.1958, NJW 1958 S. 1188.
347 RGZ Bd. 72 S. 171; Bd. 110 S. 418.
348 *BGH*, 28.11.1963, BGHZ Bd. 40 S. 330 = NJW 1964 S. 648; 27.9.1956, BB 1956 S. 1086.

rung kann also nicht im Wege eines Erlaßvertrages nach § 397 BGB von vornherein verzichtet werden; ein solcher Vertrag über einen noch nicht entstandenen Anspruch wäre nach § 134 BGB nichtig[349].

Zwischenzeitlich ist höchstrichterlich geklärt, daß ein nach der Beendigung des Arbeitsverhältnisses abgeschlossener Vergleich, durch den der Arbeitnehmer seinem (früheren) Arbeitgeber einen fälligen Lohnfortzahlungsanspruch erläßt, nicht nach § 9 LohnFG, § 134 BGB unwirksam ist[350]. Das Bundesarbeitsgericht rechtfertigt diesen Standpunkt mit folgender Erwägung: Die Reichweite der Unabdingbarkeitsregelung in § 9 LohnFG ist mangels Anhaltspunkten im Gesetzestext nach dem Sinn und Zweck der Regelung zu ermitteln; sie soll den infolge seiner abhängigen Stellung in seiner Entscheidungsfreiheit beschränkten Arbeitnehmer vor der Preisgabe seiner Rechte unter Druck schützen. Dieses Schutzes bedarf er nur, solange die Abhängigkeit und damit das Arbeitsverhältnis besteht[351].

Offen ist noch die Frage, ob auch in einer Ausgleichsquittung auf entstandene Lohnfortzahlungsansprüche wirksam verzichtet werden kann, und ob ein solcher Verzicht auch bei weiterbestehendem Arbeitsverhältnis rechtlich möglich und wirksam ist.

Nach überwiegender Meinung in Rechtsprechung und Literatur sollen vertragliche Vereinbarungen in Form von Ausgleichsquittungen zulässig sein, in denen der Arbeitnehmer auf bereits entstandene Lohnfortzahlungsansprüche verzichtet[352]. Die Hauptargumente dieser Meinung besagen im wesentlichen, die Bedeutung der Unabdingbarkeit erschöpfe sich darin zu verhindern, daß ein Anspruch im voraus in seiner Entstehung geschmälert oder ausgeschlossen wird, und der Entgeltfortzahlungsanspruch wegen krankheitsbedingter Arbeitsverhinderung sei nichts anderes als ein aufrechterhaltener Lohnanspruch, auf den nach zivilrechtlichen Regeln, sobald er entstanden ist, wirksam verzichtet werden könne. Demgegenüber halten andere[353]

---
349 *BAG*, 26.10.1971, AP Nr. 1 zu § 6 LohnFG = BB 1972 S. 343; *LAG Baden-Württemberg*, 18.8.1971, AR-Blattei D Krankheit III A LohnfortzahlungsG, Entsch. 7; *LAG Hamm*, 9.4.1975, DB 1975 S. 987.
350 *BAG,* 11. 6. 1976, AP Nr. 2 zu § 9 LohnFG = BB 1976 S. 1417.
351 *BAG*, AP a.a.O., unter III 3 der Gründe.
352 *LAG Frankfurt a.M.*, 16.11.1970, EEK II/029; *LAG Hamm*, 9.3.1971 – 3 Sa 50/71 –, BB 1972 S. 89; *LAG Baden-Württemberg*, wie FN 349; *LAG Düsseldorf*, 22.9.1971 – 9 Sa 575/71 –, EEK I/219; *LAG Hamm*, 9.4.1975 – 2 Sa 132/75 –, DB 1975 S. 987; *Becher*, § 9 Rdnr. 5; *Brecht*, § 9 Anm. 5; *Doetsch/Schnabel/Paulsdorff*, § 1 Anm. 25; § 9 Anm. 2; *Kehrmann/Pelikan*, § 9 Rdnr. 9; *Töns*, C, § 9 LohnFG Anm. 6; *Schmatz/Fischwasser* I, § 9 LohnFG Anm. II, S. C 903.
353 *LAG Berlin*, 6.9.1971, EEK II/O35; *LAG Düsseldorf*, 26.10.1971, DB 1972 S. 196; *LAG Hamm*, 26.4.1972 – 5 Sa 109/72 –, DB 1972 S. 1781; *Kaiser*, § 9 Anm. 4; *Dorndorf*, SAE 1974 S. 116 zu II 1; *Marienhagen*, Anm. zu AP Nr. 1 zu § 6 LohnFG (zu 2 c); *Trieschmann*, Anm. zu AP Nr. 1 zu § 9 LohnFG und RdA 1976 S. 68 ff.; vgl. auch *Moritz*, BB 1979 S. 1610 (1612 zu IV 1).

mit Rücksicht auf den sozialpolitischen Schutzzweck der Entgeltfortzahlungsbestimmungen einen Verzicht auf bereits entstandene Ansprüche für unvereinbar mit dem Grundsatz der Unabdingbarkeit. Das Bundesarbeitsgericht brauchte insoweit noch keine abschließende Entscheidung zu fällen[354], doch deuten einige Bemerkungen im Urteil vom 11.6.1976 darauf hin, daß das Gericht die Wirkung und damit die Geltung der Unabdingbarkeit auf das Bestehen des Arbeitsverhältnisses beschränken könnte. Selbst wenn aber die höchstrichterliche Rechtsprechung die m. E. zutreffende Auffassung von der Unverzichtbarkeit der Entgeltfortzahlungsbestimmungen als arbeitsrechtliche Schutzvorschriften nicht bestätigen und einen schuldrechtlichen Erlaßvertrag mittels Ausgleichsquittung über Entgeltfortzahlungsansprüche für zulässig erklären sollte, wird man im Interesse des Arbeitnehmers an das Zustandekommen eines solchen Erlaßvertrages, insbesondere den Verzichtswillen, die strengen Maßstäbe des bürgerlichen Rechtes legen müssen[355].

---

354 In *BAG*, 26.10.1971, AP Nr. 1 zu § 6 LohnFG = BB 1972 S. 315 wurde die Frage offengelassen. In BAG, 21.12.1972, AP Nr. 1 zu § 9 LohnFG = BB 1973 S. 427 sah der Fünfte Senat die Ausgleichsquittung als Tatsachenvergleich an (dagegen mit überzeugenden Argumenten *Trieschmann* in der Anm. und *Dorndorf*, wie FN 353); In *BAG*, 11.6.1976, AP Nr. 2 zu § 9 LohnFG = BB 1976 S. 1417 handelte es sich um einen gerichtlichen Vergleich.
355 Die zivilrechtliche Bedeutung der sog. Ausgleichsquittung als Erlaßvertrag wird zunehmend mit guten Gründen in Zweifel gezogen; vgl. die umfassende Bestandsaufnahme bei *Moritz*, BB 1979 S. 1610 mit zahlreichen Nachweisen.

B. Krankheit und Urlaub

I. Begriffsbestimmung und Problematik

Der Begriff des Urlaubs im hier verwendeten Sinne umfaßt alle Fälle, in denen der Arbeitnehmer unter rechtlichem Fortbestand des Arbeitsverhältnisses auf Grund gesetzlicher oder tariflicher Bestimmungen oder infolge einer einzelvertraglichen Vereinbarung von seiner Arbeitspflicht befreit ist[1]. An erster Stelle steht der Erholungsurlaub, verstanden als Gewährung von Freizeit unter Fortzahlung des Arbeitsentgelts[2], doch gehören hierher auch die sonstigen Fälle bezahlter oder unbezahlter Dienstbefreiung, für die sich die Bezeichnung „Sonderurlaub" eingebürgert hat, insbesondere die unbezahlte Urlaubsverlängerung bei Gastarbeitern.

Gesetzliche Bestimmungen über den Einfluß krankheitsbedingter Arbeitsverhinderung auf den Erholungsurlaub finden sich nach Aufhebung der früheren Landesurlaubsgesetze[3] durch § 15 Abs. 2 BUrlG nur in § 9 dieses Gesetzes. Hiernach werden bei Erkrankungen während des Urlaubs die durch ärztliches Zeugnis nachgewiesenen Tage der Arbeitsunfähigkeit nicht auf den Jahresurlaub angerechnet. Diese Regelung beruht auf der Erkenntnis, daß während einer Krankheit, die zur Verhinderung an der Arbeitsleistung führen würde, der Zweck des Erholungsurlaubs vereitelt wird, der darin besteht, daß sich der Arbeitnehmer von der im Betrieb geleisteten Arbeit erholt, um die zur Erhaltung seiner Arbeitskraft notwendigen körperlichen und geistigen Kräfte wieder aufzufrischen[4]. Damit ist jedoch nur ein Teilproblem gelöst. Gesetzlich und auch weitestgehend tariflich ungeregelt geblieben ist bisher, ob und ggf. wie sich krankheitsbedingte Verhinderung an der Arbeitsleistung auf die Entstehung des Urlaubsanspruches auswirkt, welchen Einfluß längere Krankheitszeiten etwa auf die Höhe der im Zusammenhang mit dem Urlaub zu gewährenden Arbeitgeberleistungen haben und schließlich, ob der Arbeitnehmer auch dann noch Erholungsurlaub verlangen kann, wenn er während eines Urlaubsjahres längere Zeit oder vollständig wegen Krankheit an der Arbeitsleistung verhindert war.

---

1 *Hueck/Nipperdey* I, § 49 X; *Nikisch* I, § 39 I; *Gros*, AR-Blattei, Urlaub III zu A; *Bobrowski/Gaul* I, F IV Rdnr. 1, S. 411.
2 Vgl. *Dersch/Neumann*, § 1 Rdnr. 59; *Hueck/Nipperdey* I, § 49 I; *Bobrowski/Gaul*, wie FN 1, Rdnr. 12.
3 Vgl. hierzu die Vorauflage, S. 58.
4 So *BAG*, 26. 10. 1956, AP Nr. 14 zu § 611 BGB Urlaubsrecht = BB 1957 S. 222; 1. 3. 1962, AP Nr. 1 zu § 611 BGB Urlaub und Kur = BB 1962 S. 597; *LAG Bremen*,3. 10. 1956, AP Nr. 17 zu § 611 BGB Urlaubsrecht; *Nikisch* I, § 39 I 1; *Bobrowski/Gaul* I, F IV Rdnr. 11, S. 418.

II. Krankheit und Urlaubsanspruch

1. Bedeutung für die Entstehung des Anspruchs

Für den vollen Urlaubsanspruch, der der Höhe nach heute meist auf Grund tariflicher Bestimmungen oder einzelvertraglicher Abmachungen über die gesetzliche Mindestdauer des § 3 BUrlG (18 Werktage für Erwachsene) hinausgeht, ist die Erfüllung einer sechsmonatigen Wartezeit zu Beginn des Arbeitsverhältnisses erforderlich[5]. Die Wartezeit ist erfüllt, wenn das Arbeitsverhältnis während des genannten Zeitraumes rechtlich bestanden hat, auf die tatsächliche Arbeitsleistung kommt es nicht an[6]. Daher wird auch die Dauer einer Krankheit, die zu Beginn oder während des Sechsmonatszeitraumes den Arbeitnehmer an der Arbeitsleistung hindert, in die Wartezeit mit einbezogen, ohne daß sich diese dadurch verlängert[7]. Denn es gibt keinen allgemeinen Grundsatz, daß der Urlaub in einem genauen Verhältnis zum Umfang der geleisteten Arbeit stehen muß, von offenbaren Mißbrauchsfällen (s. unten IV) abgesehen.

Nach Erfüllung der Wartezeit, die in jedem Arbeitsverhältnis nur einmal zurückzulegen ist, entsteht der volle Urlaubsanspruch nach dem BUrlG jeweils zu Beginn eines jeden mit dem Kalenderjahr identischen Urlaubsjahres (Stichtagsprinzip)[8]. Ist der Arbeitnehmer zu diesem Zeitpunkt arbeitsunfähig, so ist das bei dem Regelfall der vorübergehenden Arbeitsverhinderung infolge Krankheit ohne Einfluß auf den Urlaubsanspruch. Fälle, in denen es auf Grund lang andauernder Verhinderung zu nur geringfügiger oder überhaupt keiner Arbeitsleistung im Urlaubsjahr kommt, sind unter dem Gesichtspunkt des Rechtsmißbrauchs zu beurteilen (s. unten IV).

2. Erkrankungen während des Urlaubs

a) *Erholungsurlaub*

Bei Erkrankungen während des Urlaubs sind die durch unverzüglich vorzulegendes ärztliches Zeugnis nachgewiesenen Krankheitstage nachzugewähren (§ 9 BUrlG). Durch nachgewiesene Krankheit, die – wenn der Arbeitnehmer

---

5 Vgl. *Dersch/Neumann*, § 4 Rdnr. 5 ff.; *Bobrowski/Gaul* I, F IV Rdnr. 27, S. 429.
6 *Dersch/Neumann*, § 4 Rdnr. 19 ff.; *Bobrowski/Gaul* I, F IV Rdnr. 29, S. 430.
7 *Bobrowski/Gaul*, wie FN 6. Das *BAG*, 20. 4. 1961, AP Nr. 2 zu § 5 UrlG Bremen = BB 1961 S. 718, hat das für den Fall der witterungsbedingten Arbeitsunterbrechung im Baugewerbe klar ausgesprochen.
8 *BAG*, 24. 2. 1972, AP Nr. 3 zu § 9 BUrlG = BB 1972 S. 619 und 17. 1. 1974, AP Nr. 3 zu § 1 BUrlG = BB 1974 S. 509 für den Fall der Unzulässigkeit des „Urlaubsvorgriffs".

nicht beurlaubt gewesen wäre – zur Verhinderung an der Arbeitsleistung geführt hätte, wird also der Erholungsurlaub unterbrochen.

Nach dem Wortlaut des § 9 BUrlG („... werden die Tage der Arbeitsunfähigkeit auf den Jahresurlaub nicht angerechnet") ist nur dann die Anrechnung auf den Urlaub ausgeschlossen, wenn die Krankheit dem Arbeitnehmer die Leistung der Arbeit unmöglich oder unzumutbar gemacht hätte (vgl. oben A III 2). Nach allgemeiner Meinung muß darüber hinaus auch noch der Erholungszweck des Urlaubs gefährdet werden[9]. Für ein solches zusätzliches Tatbestandsmerkmal oder einen solchen Inhalt des Begriffes „Arbeitsunfähigkeit" fehlt indessen im Wortlaut und auch nach der Systematik des BUrlG jeder Anhaltspunkt: Wo das Gesetz besonders auf den Erholungszweck des Urlaubs abhebt, erwähnt es ihn ausdrücklich, so in der früheren Fassung des § 10 und in § 8 (Erwerbstätigkeit während des Erholungsurlaubs). Da dem Gesetzgeber also begrifflich die Vereitelung des Erholungszwecks durchaus geläufig war, kann aus dem Fehlen dieses Begriffes in § 9 nur der Schluß gezogen werden, daß Arbeitsunfähigkeit während des Urlaubs „prima facie" dessen Erholungszweck gefährdet[10]. Dem Arbeitgeber bleibt im Einzelfall die Möglichkeit, diesen Anscheinsbeweis zu entkräften (s. dazu oben A IV 4) oder sich in extremen Fällen (z. B. verstauchter Finger eines Berufspianisten) auf den Einwand des Rechtsmißbrauchs zu berufen[11].

Unbeschadet dieser rechtlichen Vorbehalte gegen die herrschende Meinung ist der Nachweis einer Erkrankung im Sinne des § 9 BUrlG in der überwiegenden Mehrzahl der Fälle unproblematisch, weil nach den Erfahrungen des Lebens davon ausgegangen werden kann, daß eine im Urlaub auftretende Krankheit dessen Erholungszweck beeinträchtigt. Schwierigkeiten sind allerdings denkbar, wenn Arbeitsunfähigkeit während eines in die Kündigungsfrist gelegten Urlaubs[12] oder im Urlaub ausländischer Arbeitnehmer, den diese in ihrem Heimatland verbringen, auftritt. Gerade in letzteren Fällen kann der Arbeitgeber kaum das Vorliegen einer zur Arbeitsverhinderung führenden Erkrankung beurteilen. Der Ausweg der Praxis, mit dem ausländischen Arbeitnehmer die einvernehmliche Beendigung des Arbeitsverhältnisses für den Fall zu vereinbaren, daß die Arbeit nach Urlaubsende nicht fristgerecht wieder aufgenommen wird, ist durch die Rechtsprechung des Bundesarbeitsgerichts, die hierin eine unzulässige Umgehung des Kündigungsschutzes erblickt, verbaut[13].

---

9 *LAG Düsseldorf*, 23. 11. 1974, BB 1975 S. 134 m.w.N. und *LAG Hamm*, 18. 4. 1979, MDR 1979 S. 787. A.A. *LAG Frankfurt a.M.*, 20. 6. 1966, BB 1966 S. 944.

10 So zutreffend *LAG Frankfurt a.M.*, wie FN 9.

11 Zweifel am Nachweis echter Arbeitsverhinderung bei Erkrankungen während des Urlaubs äußert auch *Bobrowski/Gaul* I, F IV S. 445, dortige FN 184; zu Einzelfragen in diesem Zusammenhang auch *Marburger*, BB 1978 S. 104.

12 Vgl. den Fall des *LAG Düsseldorf*, 23. 11. 1974, BB 1975 S. 135.

13 *BAG*, 19. 12. 1974, BB 1975 S. 651 = DB 1975 S. 890.

Die Unterbrechung des Urlaubs durch Krankheit führt nicht zu dessen automatischer Verlängerung; der Arbeitnehmer muß sich vielmehr dem Arbeitgeber nach dem Ende der ursprünglich festgelegten Urlaubszeit bzw., wenn die Erkrankung darüber hinaus andauert, nach Wiederherstellung der Arbeitsfähigkeit wieder zur Verfügung stellen[14].

Auf die Entgeltfortzahlung ist die Urlaubsunterbrechung durch Krankheit nur von Bedeutung, wenn der Arbeitnehmer, wie vielfach üblich, das Urlaubsentgelt, d. h. die für die Urlaubszeit zu zahlende Vergütung, vor Urlaubsantritt erhalten hat. In diesen Fällen ist das Urlaubsentgelt mit dem auf die durch Krankheit verursachte Unterbrechungszeit entfallenden Krankenlohn zu verrechnen[15]. Besteht jedoch kein Anspruch auf Fortzahlung des Arbeitsentgelts im Krankheitsfalle, etwa weil der Arbeitnehmer die Krankheit verschuldet hat (s. dazu A IV 2), so wird der Urlaub nicht unterbrochen, weil in diesem Falle die Voraussetzung einer unverschuldeten Verhinderung an der Arbeitsleistung infolge Krankheit nicht gegeben ist[16].

b) *Rechtslage bei Sonderurlaub*

In der Praxis ist der Fall recht häufig, daß insbesondere Gastarbeiter, die während ihres regulären Erholungsurlaubs in ihr Heimatland fahren, zur Erzielung einer längeren Freistellung noch zusätzlichen „unbezahlten Urlaub" beantragen, ohne daß dafür ein besonderer Grund angegeben zu werden pflegt. In allen diesen oder ähnlichen Fällen liegt das Lohnrisiko hinsichtlich einer Erkrankung in einem derartigen Sonderurlaub eindeutig beim Arbeitnehmer: Fällt die Zeit der krankheitsbedingten Verhinderung an der Arbeitsleistung teilweise oder ganz in die Zeit des Sonderurlaubs, so hat der Arbeitnehmer insoweit keinen Anspruch auf Entgeltfortzahlung, weil es an dem erforderlichen Kausalzusammenhang zwischen Erkrankung und Entgeltausfall (s. A III 3) fehlt. Der Anspruch auf Arbeitsentgelt entfällt hier nicht wegen der Krankheit, sondern wegen der in der Gewährung des Sonderurlaubs liegenden Suspendierung der Arbeitspflicht[17]. Der Arbeitnehmer kann nur dann Rückgängigmachung des Sonderurlaubs im Falle der Erkrankung mit der Folge des Einsetzens der Lohnzahlungspflicht verlangen, wenn hierfür besondere Abmachungen getroffen worden sind. Ist das nicht der Fall, so kommt es auf den Grund an, aus dem der Sonderurlaub gewährt wurde[18].

---

14 *LAG Düsseldorf*, 10. 10. 1967, DB 1967 S. 1992; *Boldt/Röhsler*, § 9 Rdnr. 28; *Dersch/Neumann*, § 9 Rdnr. 11 ff.; *Schelp*, DB 1962 S. 703.
15 *Boldt/Röhsler*, § 9 Rdnr. 25; *Schelp*, wie FN 14.
16 Vgl. *Bobrowski/Gaul* I, F IV, Rdnr. 54 S. 446; *Boldt/Röhsler*, § 9 Rdnr. 11 ff.; *Dersch/Neumann*, § 9 Rdnr. 8.
17 *BAG*, 10. 2. 1972, AP Nr. 15 zu § 1 LohnFG = BB 1972 S. 497; vgl. auch *BAG*, 14. 6. 1974, AP Nr. 36 zu § 1 LohnFG und 15. 5. 1975, BB 1975 S. 1206.
18 *BAG*, 23. 12. 1971, AP Nr. 2 zu § 9 BUrlG = BB 1972 S. 496.

Allein aus dem zeitlichen Zusammenhang zwischen regulärem Urlaub und Sonderurlaub kann nicht geschlossen werden, daß letzterer auch Erholungszwecken dienen sollte, was eine entsprechende Anwendung des § 9 BUrlG rechtfertigen würde, da der Sonderurlaub als reines Entgegenkommen des Arbeitgebers vielen Zwecken dienen kann[19]. Eine ergänzende Vertragsauslegung mit dem Ziel, regulären und Sonderurlaub als eine Einheit anzusehen, kommt nur in tatsächlich ganz besonders gelagerten Ausnahmefällen in Betracht, etwa dann, wenn sich an einen kurzen Erholungsurlaub wenige Tage unbezahlten Urlaubs anschließen, um eine bestimmte Urlaubsabsicht (Zeltlager, Schiffsreise) zu verwirklichen[20].

Bei Vereinbarung eines unbezahlten Urlaubs hat der Arbeitnehmer im Umfang dieser Vereinbarung keinen Anspruch auf Krankengeld, weil nur ein Beschäftigungsverhältnis gegen Entgelt zur Versicherungspflicht in der Krankenversicherung führt (§ 165 Abs. 2 RVO), soweit nicht das Gesetz ausdrücklich insoweit Ausnahmen zuläßt (§ 311 RVO)[21].

3. Urlaub bei Kuren und Heilverfahren

Soweit ein Entgeltfortzahlungsanspruch bei Kuren und Heilverfahren besteht (s. A VII 2), ist jetzt nach der durch das LohnFG ab 1. 1. 1970 neu gefaßten Bestimmung des § 10 BUrlG die Anrechnung auf den Erholungsurlaub ausgeschlossen, ohne daß noch, wie nach dem früheren Recht[22], zu prüfen ist, ob durch die Kur die „übliche Gestaltung des Erholungsurlaubs" durch reizlose Landschaften, anstrengende Kurpflichten, Beschränkungen der persönlichen Lebensführung, geschwächter Gesundheitszustand u. dgl. beeinträchtigt wird. Die früher bedeutsame Frage, ob eine Kur im „urlaubsmäßigen Zuschnitt" verbracht werden konnte oder ob es sich bei der als Heilkur bezeichneten Veranstaltung um „Urlaub mit medizinischem Beigeschmack" handelte, spielt heute noch bei Vorbeugungskuren (s. A VII 2a) und freien Badekuren eine Rolle. Hier kann im Einzelfall der Charakter eines planvoll gestalteten Heilverfahrens streitig sein[23], für dessen Annahme zu fordern ist, daß neben einer gewissen medizinischen Betreuung eine Kurordnung mit ausreichendem Einfluß auf die persönliche Lebensführung vorliegt und von den Kurteilnehmern auch beachtet wird[24].

---

19 *BAG*, 10. 2. 1972, wie FN 17.
20 *BAG*, 22. 6. 1961, AP Nr. 4 zu § 133c GewO = BB 1961 S. 902.
21 *BSG*, 14. 12. 1976 – 3 RK 50/74 –, BB 1977 S. 499.
22 Vgl. hierzu *BAG*, 1. 3. 1962, AP Nr. 1 zu § 611 BGB Urlaub und Kur = BB 1962 S. 598.
23 Vgl. den Fall in *BAG*, 14. 11. 1979 – 5 AZR 930/77 –, BB 1980 S. 368 (Leitsätze).
24 Offen ist in diesen Fällen die Frage der Darlegungs- und Beweislast für die Einhaltung der Kurordnung. Das *BAG*, wie FN 23, brauchte sich hierzu nicht zu äußern. Meines Erachtens gehört die Darlegung einer Kur im Rechtssinne zu den Voraussetzungen des Entgeltfortzahlungsan-

Kommt bei Schonungszeiten mangels Entgeltfortzahlung (s. A VII 3) eine Anrechnung auf den Urlaub in Betracht, muß der Arbeitnehmer hierüber vor Antritt der Kur unterrichtet werden. Ist der Urlaubsanspruch für das laufende Jahr bereits erschöpft, können Schonungszeiten nicht mehr angerechnet werden; ein „Vorgriff" auf den Urlaub des nächsten Jahres ist nicht zulässig[25].

III. Berechnung des Urlaubsentgeltes

Das Urlaubsentgelt, also die während des Urlaubs zu zahlenden Bezüge, ist nach dem modifizierten Durchschnittsprinzip (Bezugsmethode, vgl. hierzu allgemein A VIII 1b) des § 11 Abs. 1 BUrlG zu berechnen: Wird der Verdienst des Arbeitnehmers, also sein Lohn oder Gehalt, während der Referenzperiode (13 Wochen vor Beginn des Urlaubs) oder während des Urlaubs nicht nur vorübergehend erhöht, so ist für die Berechnung des Urlaubsentgeltes von dem so erhöhten Verdienst auszugehen. Sind dagegen im Bezugszeitraum Verdienstkürzungen infolge von Kurzarbeit, Arbeitsausfall oder unverschuldeter Arbeitsversäumnis eingetreten, so mindern diese das Urlaubsentgelt nicht. Wegen dieser Abweichungen vom reinen Durchschnittsprinzip, das ausschließlich auf die Verhältnisse in einem vergangenen Zeitraum abstellt, spricht man von einer (in Richtung auf das Lohnausfallprinzip) modifizierten Bezugsmethode.

Die Berechnungsvorschrift des § 11 Abs. 1 BUrlG gehört zu den Bestimmungen, von denen im Rahmen des § 13 BUrlG durch Tarifverträge abgewichen werden kann. Von dieser Möglichkeit ist in der Praxis weitgehend Gebrauch gemacht worden. Die entsprechenden Regelungen enthalten zum Teil detaillierte Bestimmungen über die Ermittlung der bei jeder Art von Durchschnittsberechnung benötigten Zeit- und Geldfaktoren und gewährleisten auf diese Weise, daß der Lebensstandard des Arbeitnehmers während des Urlaubs erhalten bleibt.

Fallen in den Bezugszeitraum von 13 Wochen Zeiten krankheitsbedingter Arbeitsverhinderung des Arbeitnehmers, so hat das keinen Einfluß auf die Höhe des Urlaubsentgeltes, weil die Fortzahlung des Entgeltes während einer Krankheit nichts anderes als ein aufrechterhaltener Lohnanspruch ist und

---

spruchs und damit in den Sachvortrag des Klägers, allerdings mit der Erleichterung des Anscheinsbeweises, da eine Tatsachenvermutung dafür spricht, daß die von einem Sozialversicherungsträger in eigenen Kurheimen durchgeführten Kuren mit gewissen Einschränkungen der Lebensführung verbunden sind.

25 So *BAG*, 24. 2. 1972, AP Nr. 3 zu § 9 BUrlG = BB 1972 S. 619 und 17. 1. 1974, AP Nr. 3 zu § BUrlG = BB 1974 S. 509.

nicht zu einer Verdienstminderung führt, die nach der modifizierten Bezugsmethode des § 11 Abs. 1 BUrlG bzw. den ggf. anzuwendenden Tarifbestimmungen zu berücksichtigen wäre.

IV. Wegfall des Urlaubsanspruchs bei Krankheit

Über die ethischen und rechtlichen Grundlagen des Urlaubsanspruches ist oft judiziert und viel geschrieben worden[26]. Der Sinn und Zweck dieser zeitweiligen Befreiung von der Arbeitspflicht unter Fortzahlung der Bezüge wurde jedoch von Anfang an darin gesehen, daß der Arbeitnehmer Gelegenheit erhalten soll, sich von geleisteter Arbeit zu erholen und für neue Arbeitsleistung Kräfte zu sammeln, ohne eine Schmälerung seines Verdienstes und damit eine Verminderung seines Lebensstandards hinnehmen zu müssen. Daraus folgt, daß der Urlaub in einem untrennbaren Zusammenhang mit der Arbeitsleistung steht und seine Voraussetzungen nicht gegeben sind, wenn entweder keine Arbeit geleistet wurde, von der man sich erholen müßte, oder wenn neue Arbeit nicht in Aussicht ist, für die Kräfte zu sammeln wären. Da aber diese wesensmäßigen Grundlagen des Urlaubs keinen Niederschlag in den Anspruchsvoraussetzungen gefunden haben, bedeutet es das Ausnutzen einer formalen Rechtsposition, wenn Urlaub verlangt wird, obwohl keine Arbeit geleistet worden ist. Dieser Tatbestand bildet einen Fall unzulässiger Rechtsausübung und wird daher herkömmlicherweise als „Rechtsmißbräuchlichkeit des Urlaubsbegehrens" oder „rechtsmißbräuchliche Geltendmachung des Urlaubsanspruchs" bezeichnet.

Die Geltendmachung des Urlaubsanspruchs ist danach unzulässige Rechtsausübung, wenn die Arbeitsleistung des Arbeitnehmers im Urlaubsjahr unverhältnismäßig gering war und nach den gesamten Umständen des Einzelfalles eine „Erholungsbedürftigkeit" des Arbeitnehmers nicht anerkannt werden kann[27]. Das ist nicht nur der Fall, wenn der Arbeitnehmer im gesamten Urlaubsjahr nicht gearbeitet hat, sondern auch dann, wenn er nach ganz

---

26 Vgl. statt aller *Bobrowski/Gaul* I, F IV Rdnr. 6, S. 414 f. und die dortigen Nachweise in FN 14-17.
27 Vgl. *BAG*, 27. 9. 1962, AP Nr. 87 zu § 611 BGB Urlaubsrecht = BB 1962 S. 1244; 18. 2. 1963, AP Nr. 88 zu § 611 BGB Urlaubsrecht = BB 1963 S. 644; 23. 6. 1966, AP Nr. 2 zu § 3 BUrlG Rechtsmißbrauch = BB 1966 S. 944; 30. 6. 1966, AP Nr. 3 zu § 3 BUrlG Rechtsmißbrauch = BB 1966 S. 1066 und 12. 1. 1967, AP Nr. 4 zu § 3 BUrlG Rechtsmißbrauch = BB 1967 S. 127; *ArbG Hamburg*, 3. 7. 1968, BB 1968 S. 1160; 6. 5. 1969, BB 1969 S. 916; *LAG Hamm*, 3. 6. 1970, DB 1970 S. 1328; hinsichtlich der Urlaubsabgeltung *BAG*, 6. 6. 1968, AP Nr. 5 zu § 3 BUrlG Rechtsmißbrauch = BB 1968 S. 914. Vgl. ferner *Dersch/Neumann*, § 13 Rdnr. 62 ff.; *Bobrowski/Gaul* I, F IV, Rdnr. 86, S. 459.

geringfügiger Arbeitsleistung für unabsehbare Zeit erkrankte[28]. Im übrigen richtet sich die Beurteilung, wann sich die Geltendmachung eines Urlaubs- oder -abgeltungsanspruchs als unzulässige Rechtsausübung darstellt, nach den Gegebenheiten des Einzelfalles.

Enthält bereits ein Tarifvertrag eine Regelung, wonach der Urlaub bei langanhaltender Krankheit gemäß dem Zwölftelungsprinzip gekürzt wird, so ist damit die dem Wesen der Rechtsausübung nach § 242 BGB innewohnende Anspruchsbeschränkung (s. A X 1) bereits konkretisiert und ein darüber hinausgehender Einwand des Rechtsmißbrauchs ausgeschlossen[29].

---

28 *LAG Düsseldorf*, 20. 2. 1963, BB 1963 S. 645; *Dersch/Neumann*, § 9 Rdnr. 19 m.w.N.
29 *BAG*, 16. 8. 1977, AP Nr. 10 zu § 3 BUrlG Rechtsmißbrauch = BB 1977 S. 1603.

C. Krankheit und Kündigung

I. Krankheit als Kündigungsgrund

1. Rechtslage

Entgegen einer in der Betriebspraxis weitverbreiteten Meinung ist es dem Arbeitgeber nicht verboten, das Arbeitsverhältnis während einer Krankheit zu kündigen[1]. Das KSchG vom 10. 8. 1951 enthält keine auf die fristgemäße Kündigung wegen Krankheit bezogene Regelung. Das Erste Arbeitsrechtsbereinigungsgesetz vom 14. 8. 1969 hat auch die in den früheren §§ 72 HGB und 123 GewO enthaltenen Spezialbestimmungen über die fristlose Kündigung beseitigt. Gleichwohl ist seit langem anerkannt, daß die Krankheit ein in der Person des Arbeitnehmers liegender Grund sein kann, der eine fristgemäße Kündigung gemäß § 1 Abs. 2 Satz 1 KSchG sozial rechtfertigt, und daß in besonderen Fällen die Krankheit sogar als wichtiger Grund für eine fristlose Kündigung nach § 626 BGB anzusehen ist. Die Festlegung der Voraussetzungen dafür betrifft die Rechtsauslegung und ist damit Aufgabe der Rechtsprechung.

2. Soziale Rechtfertigung einer fristgemäßen Kündigung

a) *Interessenabwägung*

Das KSchG schützt allgemein den Bestand des Arbeitsverhältnisses auch im Krankheitsfalle. Daher müssen an die soziale Rechtfertigung einer wegen Krankheit ausgesprochenen Kündigung besonders strenge Anforderungen gestellt werden[2]; sie ist nur gegeben, wenn eine unter Abwägung der beiderseitigen Interessenlage vorgenommene verständige Würdigung ergeben hat, daß die Kündigung als angemessen und billigenswert erscheint[3], insbesondere bei langanhaltenden Erkrankungen oder der Gefahr ständiger Wieder-

---

1 *Neumann/Lepke*, S. 25
2 Vgl. *BAG*, 20. 10. 1954, BAGE Bd. 1 S. 117 = AP Nr. 6 zu § 1 KSchG = BB 1954 S. 999; 9. 12. 1954, BAGE Bd. 1 S. 237 = AP Nr. 1 zu § 123 GewO = BB 1955 S. 194,195; 6. 10. 1959, BAGE Bd. 8 S. 123 = AP Nr. 19 zu § 14 SchwbeschG = BB 1960 S. 95,97; grundlegend *BAG*, 12. 3. 1968, AP Nr. 1 zu § 1 KSchG Krankheit = BB 1968 S. 833: ferner *BAG*, 10. 6. 1969, AP Nr. 2 zu § 1 KSchG Krankheit = BB 1969 S. 1038.
3 Vgl. *BAG*, 7. 10. 1954, BAGE Bd. 1 S. 99 = AP Nr. 5 zu § 1 KSchG = BB 1954 S. 1029,1031; 20. 10. 1954, wie FN 2; 10. 2. 1956, AP Nr. 21 zu § 1 KSchG; 28. 3. 1957, AP Nr. 25 zu § 1 KSchG; 23. 1. 1958, AP Nr. 50 zu § 1 KSchG; *Hueck*, § 1 Rdnr. 67; *Stahlhacke*, S. 82; *Jäger*, S. 120.

holung krankheitsbedingter Arbeitsausfälle (s. unten b). Im Rahmen der hiernach gebotenen Interessenabwägung müssen der Grad der wirtschaftlichen Belastung des Arbeitgebers, die Auswirkungen auf den betrieblichen Ablauf sowie auf die Zusammenarbeit der übrigen Arbeitnehmer, die Dauer der Betriebszugehörigkeit des zu kündigenden Arbeitnehmers und schließlich die Möglichkeit der vorübergehenden oder endgültigen Umsetzung des Arbeitnehmers auf einen anderen Arbeitsplatz geprüft und berücksichtigt werden[4].

Bei einer wegen Krankheit in Aussicht genommenen Kündigung hat der Arbeitgeber also zunächst zu beurteilen, ob angesichts des im Zeitpunkt des Kündigungsausspruchs[5] bestehenden Gesundheitszustandes des Arbeitnehmers damit zu rechnen ist, daß die bereits eingetretene Erkrankung länger andauert oder daß sich in der Zukunft Erkrankungen, die in der Vergangenheit zu häufigen Arbeitsausfällen geführt haben, ständig wiederholen. Liegen objektive Tatsachen vor, die eine solche Besorgnis rechtfertigen, ist die Kündigung nicht sozialwidrig[6], wobei es nunmehr unerheblich ist, ob der Arbeitgeber durch Einholung von Auskünften oder Befragung des Arbeitnehmers diese objektiven Tatsachen vor Ausspruch der Kündigung ermittelt hat oder sich ihr Vorhandensein erst später herausstellt[7]. Eine mit Krankheit begründete Kündigung ist also nicht schon deshalb sozialwidrig, weil sich der Arbeitgeber vor Ausspruch der Kündigung nicht sorgfältig und gewissenhaft nach der voraussichtlichen Dauer der Erkrankung oder den Ursachen häufiger Krankheiten erkundigt hat[8].

b) *Grundsätze der Rechtsprechung*

Bildet **langanhaltende Krankheit** den Kündigungsgrund, so ist für die soziale Rechtfertigung der Kündigung erforderlich, daß die krankheitsbedingte Verhinderung an der Arbeitsleistung nicht nur in der Vergangenheit längere Zeit hindurch bestanden hat, sondern daß vor allem im Zeitpunkt des

---

4 *BAG*, 10. 6. 1969, AP Nr. 2 zu § 1 KSchG Krankheit = BB 1969 S. 1038; 6. 10. 1959, BAGE Bd. 8 S. 123 = AP Nr. 19 zu § 14 SchwbeschG = BB 1960 S. 95,97; 19. 8. 1976, AP Nr. 2 zu § 1 KSchG 1969 Krankheit = BB 1977 S. 1098. Vgl. jetzt auch *BAG*, 22. 8. 1980, BB 1980 S. 938.
5 *BAG*, 12. 3. 1968, AP Nr. 1 zu § 1 KSchG Krankheit = BB 1968 S. 833; *Bleistein*, S. 117 Rdnrn. 152 f.; *Röhsler*, AR-Blattei, Krankheit des Arbeitnehmers I, B III 2 c m.w.N.; *Lepke*, DB 1970 S. 491 m.w.N.
6 *BAG*, 19. 8. 1976 und 10. 3. 1977, wie FN 4; vgl. auch *BAG*, 26. 5. 1977, DB 1977 S. 2455 = NJW 1978 S. 603 und *Weisemann*, BB 1977 S. 1767.
7 *Neumann*, NJW 1978 S. 1838 (1839). Jetzt auch *BAG*, 22. 8. 1980, BB 1980 S. 938.
8 So aber die weitverbreitete Meinung der Rechtsprechung der Instanzgerichte und des Schrifttums, vgl. statt aller *Neumann/Lepke*, S. 28 f., m.w.N. Siehe auch *LAG Düsseldorf*, 10. 10. 1975, BB 1976 S. 646 und *LAG Hamm*, 8. 12. 1975, BB 1976 S. 554. Wie hier jetzt ausdrücklich *BAG*, 22. 2. 1980, BB 1980 S. 938.

Kündigungszuganges objektive Anhaltspunkte für ein langfristiges Fortdauern der Arbeitsunfähigkeit vorgelegen haben und es aus betrieblichen Gründen notwendig gewesen ist, den Arbeitsplatz des erkrankten Arbeitnehmers anderweitig auf Dauer zu besetzen[9]. Wenn die Wiederherstellung der Arbeitsfähigkeit nicht erkennbar ist oder angesichts der Schwere des Krankheitsbildes mit einer Wiederaufnahme der Arbeit überhaupt nicht gerechnet werden kann, soll eine Kündigung in der Regel sozial gerechtfertigt sein[10].

Wird die Kündigung mit häufigen Kurzerkrankungen begründet, so ist für die soziale Rechtfertigung entscheidend, daß nicht nur krankheitsbedingte Fehlzeiten[11] in der Vergangenheit häufig zu Arbeitsausfall geführt haben, sondern auch mit ihrem künftigen Wiederauftreten angesichts des Gesundheitszustandes des Arbeitnehmers, über den dieser befragt werden oder eine ärztliche Stellungnahme vorlegen sollte, zu rechnen ist. Darüber hinaus muß hier besonders geprüft werden, wie sich die Erkrankung auf den Betriebsablauf und die Zusammenarbeit mit den übrigen Arbeitnehmern auswirkt, wie lange der zu kündigende Arbeitnehmer im Betrieb beschäftigt ist und ob nicht seine Entlassung durch Umsetzung auf einen anderen Arbeitsplatz vermieden werden kann[12].

c) *Krankheitszeiten und soziale Auswahl*

Bei einer Kündigung aus dringenden betrieblichen Erfordernissen sind gemäß § 1 Abs. 3 Satz 1 KSchG soziale Gesichtspunkte zu berücksichtigen. Die hiernach vorzunehmende Interessenabwägung bei der Auswahl der zu entlassenden Arbeitnehmer kann Krankheitszeiten zugunsten des Arbeitnehmers berücksichtigen, wenn dieser durch eine längere Krankheit in besondere Not geraten ist[13]. Andererseits kann aber auch das Interesse des Betriebes die Trennung von besonders krankheitsanfälligen Arbeitnehmern gebieten[14]. Die Grundsätze der bei einer betriebsbedingten Kündigung vorzunehmenden Sozialauswahl gebieten also nicht, Krankheitszeiten nur dann

---

9 So jetzt *BAG*, 22. 2. 1980, BB 1980 S. 938. Vgl. noch *BAG*, 12. 3. 1968, AP Nr. 1 zu § 1 KSchG Krankheit = BB 1968 S. 833 und 16. 2. 1960, AP Nr. 3 zu § 133 c GewO = BB 1961 S. 253.
10 *Neumann*, NJW 1978 S. 1840. Diese Regel dürfte allenfalls auf die Verhältnisse in Kleinbetrieben zutreffen, da in mittleren und Großbetrieben wegen der dort gegebenen Möglichkeiten der Ablaufsorganisation und der Umsetzung die Interessenabwägung meist zugunsten des langfristig erkrankten Arbeitnehmers ausfallen dürfte.
11 Zeiten krankheitsbedingter Arbeitsverhinderung, die durch unverschuldete Betriebs- oder Arbeitsunfälle verursacht worden sind, werden nicht berücksichtigt; vgl. *Neumann/Lepke*, S. 35; *Schukai*, DB 1976 S. 2017.
12 *BAG*, 19. 8. 1976, AP Nr. 2 zu § 1 KSchG 1969 = BB 1977 S. 95 und 10. 3. 1977, AP Nr. 4 zu § 1 KSchG 1969 Krankheit = BB 1977 S. 1098.
13 *Hueck*, § 1 Rdnr. 84
14 Neumann/Lepke, S. 40.

zu berücksichtigen, wenn sie auch eine personenbedingte Kündigung begründen würden[15].

3. Fristlose Kündigung wegen Krankheit

Nach dem Wegfall der Spezialbestimmungen für erkrankte Handlungsgehilfen und gewerbliche Arbeiter (§§ 72 HGB, 123 GewO) besteht heute generell die Möglichkeit einer fristlosen Kündigung wegen Krankheit nur noch nach § 626 BGB. Das hat jedoch so gut wie keine praktische Bedeutung, da die hier unter dem Gesichtspunkt des wichtigen Grundes vorzunehmende umfassende Interessenabwägung, an die schon im Rahmen einer fristgemäßen Kündigung strenge Anforderungen gestellt werden, nur in ganz besonderen Ausnahmefällen[16] zu dem Ergebnis führen dürfte, daß dem Arbeitgeber nicht zuzumuten ist, das Arbeitsverhältnis bis zum Ablauf der Kündigungsfrist fortzusetzen. Die Frage, ob Krankheit ein wichtiger Grund zur außerordentlichen (fristlosen) Kündigung sein kann, stellt sich also in der Praxis nur in den Fällen, in denen das Arbeitsverhältnis auf Grund gesetzlicher oder tariflicher Bestimmung fristgemäß unkündbar ist, so nach § 15 Abs. 2 Nr. 1 BBiG, § 15 KSchG, § 103 BetrVG, §§ 54, 55 BAT oder den neuerdings auch in mehreren Tarifgebieten der gewerblichen Wirtschaft geltenden sog. Alterssicherungsverträgen. Bei hiernach „unkündbaren" Arbeitnehmern verlangt die Rechtsprechung des Bundesarbeitsgerichts[17] die Anlegung eines derart strengen Maßstabes, daß eine außerordentliche Kündigung schlechthin, sei es wegen Krankheit oder aus anderen Gründen[18], kaum in Betracht kommen dürfte.

4. Darlegungs- und Beweislast

Nach § 1 Abs. 2 Satz 4 KSchG hat der Arbeitgeber die Tatsachen zu beweisen, die die Kündigung bedingen. Wird diese auf langanhaltende Krankheit gestützt, muß der Arbeitgeber u. a. Tatsachen vortragen und beweisen, aus denen sich ergibt, daß in absehbarer Zeit nicht mit einer Wiederherstellung der Arbeitsfähigkeit gerechnet werden kann. Die Beschaffung solcher Tatsa-

---

15 So aber *LAG Hamm*, 9. 7. 1976, DB 1976 S. 1822; *W. Müller*, DB 1975 S. 2130.
16 Z.B. abschreckende, ansteckende oder ekelerregende Krankheiten; vgl. *Hoppe*, BlStSozArbR 1975 S. 134; *Lepke*, DB 1970 S. 490.
17 Vgl. *BAG*, 3. 11. 1955, BAGE Bd. 2 S. 214 = AP Nr. 4 zu § 626 BGB = BB 1956 S. 44; 15. 12. 1955, AP Nr. 6 zu § 626 BGB; 17. 4. 1956, BAGE Bd. 2 S. 333 = AP Nr. 8 zu § 626 BGB = BB 1956 S. 400, 402 und 8. 10. 1957, BAGE Bd. 5 S. 20 = AP Nr. 16 zu § 626 BGB = BB 1958 S. 118.
18 Vgl. die Fälle in *BAGE*, 3. 11. 1955 und 8. 10. 1957, wie FN 17.

chen kann schwierig sein, da der den Arbeitnehmer behandelnde Arzt, der allein die voraussichtliche Dauer der Krankheit und die Wahrscheinlichkeit einer Arbeitsaufnahme beurteilen kann, nicht zu Auskünften gegenüber dem Arbeitgeber berechtigt oder gar verpflichtet ist und der Arbeitnehmer selbst kaum in der Lage oder bereit sein wird, entsprechende Anfragen des Arbeitgebers zu beantworten. Das muß die richterliche Beweiswürdigung insoweit bei den Anforderungen an die Darlegungslast des Arbeitgebers berücksichtigen[19].

Dienen häufige krankheitsbedingte Fehlzeiten zur Begründung der Kündigung, so hat der Arbeitgeber nach der Rechtsprechung des Bundesarbeitsgerichts[20] seiner ihm im Rahmen des § 1 Abs. 2 Satz 4 KSchG obliegenden Darlegungspflicht zunächst genügt, wenn er sich auf die bisherigen krankheitsbedingten Fehlzeiten beruft. Danach ist es dann Sache des Arbeitnehmers, im Rahmen seiner aus der Verhandlungsmaxime folgenden Herrschaft über den Prozeßstoff in Form des qualifizierten Bestreitens nach § 138 Abs. 2 ZPO Tatsachen vorzutragen, aus denen sich ergibt, daß nach der Art seiner früheren Erkrankungen künftig nicht ständig mit weiteren Krankheiten zu rechnen ist; ein einfacher Hinweis auf die Möglichkeit der Einholung eines ärztlichen Gutachtens reicht nicht aus[21].

Aus dieser unterschiedlichen Quantifizierung der Anforderungen an den Sachvortrag der Parteien folgt aber nicht für den Arbeitgeber die Beweisregel des Anscheinsbeweises auf Grund etwa des Erfahrungssatzes, daß häufige Krankheiten in der Vergangenheit sich in der Zukunft mit Wahrscheinlichkeit wiederholen werden, oder gar eine Umkehrung der Beweislast entgegen der klaren Regel des § 1 Abs. 2 Satz 4 KSchG[22]. Zur Beweispflicht des Arbeitgebers nach dieser Vorschrift gehört bei einer auf häufige krankheitbedingte Fehlzeiten gestützten Kündigung die Prognose über die künftige Gesundheitsentwicklung des Arbeitnehmers auf der Grundlage seines Gesundheitszustandes bei Ausspruch der Kündigung[23].

Hier gehen Unklarheiten eindeutig zu Lasten des Arbeitgebers. Soweit die soziale Rechtfertigung einer krankheitsbedingten Kündigung von der Frage

---

19 Die Darlegungslast des Arbeitgebers richtet sich nach dem Umfang der ihm bekannten Tatsache und der Einlassung des Arbeitnehmers, *BAG*, 22. 11. 1973, AP Nr. 22 zu § 1 KSchG Betriebsbedingte Kündigung = BB 1974 S. 323.
20 *BAG*, 10. 3. 1977, AP Nr. 4 zu § 1 KSchG 1969 Krankheit = BB 1977 S. 1098.
21 *BAG*, wie FN 20. Hierin liegt keine Überspannung der an die Substantiierung des Bestreitens zu stellenden Anforderungen, wie *Popp*, BB 1980 S. 684, irrtümlich annimmt, sondern allenfalls ein Appell an die Förderungspflicht einer Prozeßpartei zur Verhinderung des Ausforschungsbeweises.
22 So aber unzutreffend offenbar *LAG Hamm*, 24. 1. 1979, BB 1979 S. 1350; dagegen *Popp*, BB 1980 S. 684.
23 So *Popp*, BB 1980 S. 684.

abhängt, ob die Entlassung des Arbeitnehmers nicht durch eine anderweitige Beschäftigung im Betrieb zu vermeiden ist, genügt zur Erfüllung der Darlegungspflicht des Arbeitgebers die pauschale Behauptung, eine Beschäftigungsmöglichkeit sei nicht vorhanden. Hierauf muß der Arbeitnehmer seine Vorstellung über die Weiterbeschäftigung im Betrieb darlegen, ohne daß er in einem größeren Betrieb bestimmte offene Arbeitsplätze anzugeben braucht, worauf dann der Arbeitgeber seinen Vortrag über die fehlende Beschäftigungsmöglichkeit näher zu substantiieren hat[24].

II. Pflichtverletzungen bei Krankheit

1. Verletzung der Anzeige- und Nachweispflicht

Ob die Verletzung der Anzeige- und Nachweispflicht, die sich aus dem Gesetz (§ 3 LohnFG) oder vertraglichen Bestimmungen ergeben kann, auch eine zur Kündigung berechtigende Pflichtverletzung ist, beurteilt sich nach den Gegebenheiten des Einzelfalles. Eine fristlose Kündigung kommt grundsätzlich nur in Betracht, wenn die Nichterfüllung jener Pflichten seitens des Arbeitnehmers so schwer ist oder wiegt, daß seine Entlassung eine adäquate Gegenmaßnahme des Arbeitgebers ist[25], was nur selten der Fall sein dürfte. Die verspätete Vorlage eines Attestes oder die eines fachärztlichen statt eines angeforderten amtsärztlichen Zeugnisses rechtfertigt eine Kündigung nicht[26], die als adäquate Gegenmaßnahme auch als fristgemäße Kündigung nur in Betracht kommen dürfte, wenn durch die schuldhafte Verletzung der Anzeigepflicht die Interessen des Arbeitgebers infolge Störungen im Betriebsablauf erheblich beeinträchtigt worden sind.

2. Verhalten während der Arbeitsunfähigkeit

Bei der Frage, ob ein Fehlverhalten während der krankheitsbedingten Arbeitsverhinderung auch eine Kündigung rechtfertigt (über die Folgen für den Entgeltfortzahlungsanspruch s. A X 1b) soll unterschieden werden, ob der

---

24 *BAG*, 12. 3. 1968, AP Nr. 1 zu § 1 KSchG Krankheit = BB 1968 S. 833; *Neumann*, NJW 1978 S. 1840.
25 *BAG*, 9. 4. 1960, AP Nr. 12 zu § 63 HGB = BB 1960 S. 663 und 25. 3. 1976, AP Nr. 2 zu § 626 BGB Krankheit = BB 1976 S. 743; *LAG Düsseldorf*, 14. 11. 1961, BB 1962 S. 373; *LAG Hamm*, 23. 3. 1971, DB 1971 S. 872; *Schmatz/Fischwasser* II, S. L 506; *Töns*, C, § 3 LohnFG Anm. A II 6 b.
26 Vgl. *LAG Hannover*, 1. 11. 1950, BB 1951 S. 280; *LAG Frankfurt a.M.*, 24. 4. 1957, BB 1957 S. 966; *LAG Bremen*, 17. 5. 1960, BB 1960 S. 1246. Siehe auch *BAG*, 25. 7. 1968, AP Nr. 11 zu § 11 KSchG = BB 1968 S. 1201.

Arbeitnehmer tatsächlich krank ist oder die Krankheit nur simuliert[27]. Diese aus der Kasuistik der Instanzgerichte[28] abgeleitete Unterscheidung ist in den meisten Fällen praktikabel. Liegt tatsächlich eine zur Arbeitsverhinderung führende Erkrankung vor und ist durch das Verhalten des Arbeitnehmers, etwa durch Mißachtung ärztlicher Anordnungen, die Genesung verzögert oder die Krankheit gar verschlimmert worden, so kann das eine fristgemäße Kündigung rechtfertigen, weil der Arbeitnehmer insoweit zumindest eine Obliegenheit aus dem Arbeitsverhältnis verletzt hat[29]. Eine fristlose Kündigung dürfte jedoch nur in schwerwiegenden oder wiederholten Fällen begründet sein, in denen das außerdienstliche Verhalten des Arbeitnehmers Rückschlüsse auf das Arbeitsverhältnis zuläßt[30]. Anders ist es dagegen bei dem dringenden Verdacht auf Simulation der Krankheit, der im allgemeinen eine fristlose oder fristgemäße Kündigung deswegen rechtfertigt, weil in der Vortäuschung einer krankheitsbedingten Arbeitsverhinderung zugleich die vorsätzliche Verletzung arbeitsvertraglicher Pflichten zu erblicken ist[31].

3. Beweislastfragen

Für die Behauptung, der Arbeitgeber habe vertragliche (Neben-)Pflichten verletzt, sei unberechtigt der Arbeit ferngeblieben oder nicht arbeitsunfähig krank gewesen, ist im Kündigungsschutzprozeß der Arbeitgeber voll darlegungs- und beweispflichtig[32]. Auf Seiten des Arbeitnehmers ist qualifiziertes Bestreiten i. S. des § 138 Abs. 2 ZPO in Form genauer Darlegung der zur Verhinderung an der Arbeitsleistung führenden Gründe einschließlich der krankheitsbedingten Arbeitsunfähigkeit erforderlich. Der Beweis des ersten Anscheins kommt dem Arbeitgeber nur zugute, wenn er die Kündigung auf fehlenden Arbeitswillen stützt, der etwa in der Äußerung, „krank feiern" zu wollen, zum Ausdruck kommt. Hier muß der Arbeitnehmer, um den Anscheinsbeweis zu erschüttern, substantiiert darlegen und ggf. beweisen, daß er seinen ursprünglichen Willen geändert hat und tatsächlich durch Krankheit an der Arbeitsleistung verhindert wurde[33].

---

27 *Neumann*, NJW 1978 S. 1842.
28 Vgl. *LAG Hannover*, 11. 8. 1977, DB 1978 S. 749 und die Nachweise bei *Neumann/Lepke*, S. 67 ff.
29 Nebenbeschäftigungen während der Arbeitsunfähigkeit können eine Kündigung nur rechtfertigen, wenn sie aus Gründen des Wettbewerbs den Interessen des Arbeitgebers zuwiderlaufen oder durch sie der Heilungsprozeß verzögert wird: *BAG*, 13. 11. 1979 – 6 AZR 934/77 –, BB 1980 S. 836. Vgl. im übrigen *Palme*, BlStSozArbR 1967 S. 123 ff.
30 *Neumann*, NJW 1978 S. 1842.
31 Vgl. *Neumann/Lepke*, S. 76 und die dortigen Nachweise in FN 453.
32 *BAG*, 12. 8. 1976, AP Nr. 3 zu § 1 KSchG 1969 = BB 1976 S. 1715; *Stahlhacke*, S. 52 Rdnr. 88; *Sieg*, RdA 1962 S. 138 ff.; *Monjau*, RdA 1959 S. 366.
33 *ArbG Rheine*, 25. 4. 1967, BB 1967 S. 1484.

III. Entgeltfortzahlung

1. Grundsatz

Der Anspruch auf Fortzahlung des Arbeitsentgelts bei krankheitsbedingter Verhinderung an der Arbeitsleistung hängt grundsätzlich vom rechtlichen Bestand des Arbeitsverhältnisses ab. Bei rechtswirksamer Kündigung oder Beendigung des Arbeitsverhältnisses aus anderen Gründen erlischt der Anspruch. Der Arbeitnehmer behält jedoch den Vergütungsanspruch ausnahmsweise auch über das Ende des Arbeitsverhältnisses hinaus für höchstens sechs Wochen, wenn der Arbeitgeber das Arbeitsverhältnis aus Anlaß der Arbeitsunfähigkeit kündigt oder wenn es vom Arbeitnehmer selbst aus einem wichtigen, vom Arbeitgeber zu vertretenden Grund gekündigt wird (§ 6 Abs. 1 LohnFG, § 616 Abs. 2 Satz 3 BGB; § 63 Abs. 1 Sätze 2 und 3 HGB, § 133c Sätze 1 und 2 GewO, §§ 48 Abs. 1 Satz 2, 2. Halbsatz, 78 Abs. 2 SeemG). Auf diesen Anspruch kann vor seiner Entstehung nicht wirksam verzichtet werden (s. A X 3).

2. Kündigung aus Anlaß der Krankheit

a) Begriffliches

Der Begriff „aus Anlaß" wird von der Rechtsprechung des Bundesarbeitsgerichts[34] weit ausgelegt. Es ist nicht erforderlich, daß die Arbeitsunfähigkeit der den Arbeitgeber zur Kündigung bewegende Grund ist, es genügt vielmehr, wenn diese ihre objektive Ursache in der Arbeitsunfähigkeit hat, die sich als eine die Kündigung wesentlich mitbestimmende Bedingung darstellt und den entscheidenden Anstoß für den Entschluß zum Ausspruch der Kündigung gibt. Dies ist der Fall, wenn durch die Kündigung die Umbesetzung des verwaisten Arbeitsplatzes des erkrankten Arbeitnehmers ermöglicht werden soll, um Störungen im Betriebsablauf zu vermeiden, oder wenn Berufs- oder Erwerbsunfähigkeit vorliegt. Eine Kündigung ist auch „aus Anlaß" der Arbeitsunfähigkeit ausgesprochen, wenn sie zwar auf dringende betriebliche Erfordernisse gestützt wird, der Arbeitgeber aber ohne Rücksicht auf die soziale Auswahl gerade das Arbeitsverhältnis des erkrankten Arbeitnehmers kündigt[35].

---

34 *BAG*, 26. 10. 1971, AP Nr. 1 zu § 6 LohnFG = BB 1972 S. 315 und 22. 12. 1971, AP Nr. 2 zu § 6 LohnFG = BB 1972 S. 878.
35 *BAG*, 28. 11. 1979 – 5 AZR 725/77 –, BB 1980 S. 1214.

b) *Weitere Voraussetzungen*

Der Entgeltfortzahlungsanspruch bei Kündigung „aus Anlaß" der Arbeitsunfähigkeit wird nicht dadurch berührt, daß der Arbeitnehmer eine ordentliche oder außerordentliche Kündigung unbeanstandet hinnimmt[36]. Andererseits kann aber von einer Kündigung „aus Anlaß" der Arbeitsunfähigkeit nur gesprochen werden, wenn der Arbeitgeber bei Ausspruch der Kündigung weiß, daß der Arbeitnehmer wegen Krankheit an der Arbeitsleistung verhindert ist[37]. Diese durch das Bundesarbeitsgericht vorgenommene Klarstellung ist in den häufigen Fällen von Bedeutung, in denen eine Kündigung wegen unentschuldigten Fehlens ausgesprochen wird. Eine solche Annahme ist gerechtfertigt, solange der Arbeitnehmer die Tatsache der krankheitsbedingten Verhinderung an der Arbeitsleistung nicht angezeigt und nachgewiesen hat. Da aber der Arbeitnehmer die Dreitagesfrist für den Nachweis voll ausschöpfen kann[38], muß man vom Arbeitgeber erwarten können, daß er nicht vorher die Kündigung wegen unentschuldigten Fehlens ausspricht, es sei denn, es bestünde ein berechtigter Grund zu der Annahme, daß eine krankheitsbedingte Arbeitsverhinderung nicht in Betracht kommt.

c) *Regelung der Beweislast*

Der Ausspruch der Kündigung „aus Anlaß" der Arbeitsunfähigkeit gehört zur Anspruchsbegründung. Die Darlegungs- und Beweispflicht liegt daher beim Arbeitnehmer[39]. Dabei spricht der Beweis des ersten Anscheins dafür, daß die Kündigung aus Anlaß der Arbeitsunfähigkeit ausgesprochen wurde, wenn zwischen ihrer Anzeige und der Kündigungserklärung ein unmittelbarer zeitlicher Zusammenhang besteht[40]. Der Anscheinsbeweis ist erschüttert, wenn auch noch andere Kündigungsgründe substantiiert vom Arbeitgeber vorgetragen werden, ohne daß diese auf ihre Berechtigung nachzuprüfen wären[41].

---

36 *BAG*, 28. 11. 1979 – 5 AZR 849/77 –, BB 1980 S. 629.
37 *BAG*, 15. 8. 1974, AP Nr. 3 zu § 6 LohnFG = BB 1974 S. 1397.
38 Vgl. *ArbG München*, 30. 6. 1976, BB 1976 S. 553.
39 *LAG Berlin*, 22. 12. 1959, EEK I/056; 18. 3. 1971, DB 1971 S. 2167; 25. 8. 1976, BB 1977 S. 295; *LAG Frankfurt a.M.*, 22. 6. 1970, BB 1970 S. 1253; *Brecht*, § 6 Anm. 9; *Becher*, § 6 Rdnr. 14; *Doetsch/Schnabel/Paulsdorff*, § 6 Anm. 4; *Kaiser*, § 6 Anm. 7; *Schmatz/Fischwasser* I, § 6 LohnFG Anm. II 1, S. C 612; *Spix/Papenheim*, S. 19.
40 Vgl. *LAG Berlin*, 1. 9. 1975, BB 1976 S. 744; *Landmann/Rohmer*, § 133c Anm. 7 m.w.N.; *Schmatz/Fischwasser*, wie FN 39, m.w.N.
41 *LAG Berlin*, wie FN 40.

3. Einvernehmliche Beendigung des Arbeitsverhältnisses

Streitig ist, ob eine im Zusammenhang mit der Arbeitsunfähigkeit vorgenommene einvernehmliche Beendigung des Arbeitsverhältnisses hinsichtlich der Rechtsfolgen für die Entgeltfortzahlung einer aus Anlaß der Krankheit ausgesprochenen Kündigung gleichzuerachten ist. Die Frage wird vor allem bedeutsam, wenn die Krankenkasse den auf sie gemäß § 182 Abs. 10 RVO übergegangenen Anspruch gegen den Arbeitgeber geltend macht. Eine sich ausschließlich am Wortlaut der gesetzlichen Bestimmungen orientierende Auffassung sieht den Entgeltfortzahlungsanspruch in diesen Fällen als erloschen an[42], weil ein Aufhebungsvertrag seinem Wesen nach etwas anderes sei als eine Kündigung. Dem kann in dieser allgemeinen Form nicht zugestimmt werden. Es kommt vielmehr darauf an, ob die Krankheit der entscheidende Grund zur Auflösung des Arbeitsverhältnisses war und den letzten Anstoß dazu gegeben hat. In diesen Fällen scheint es wegen der mit der Kündigung aus Anlaß der Erkrankung identischen Sach- und Interessenlage gerechtfertigt, dem materiellen Auflösungsgrund gegenüber der Form der Beendigung (Aufhebungsvertrag oder Kündigung) den Vorrang einzuräumen und eine analoge Anwendung der Entgeltfortzahlungsbestimmungen (s. oben 1) zuzulassen[43].

---

[42] Vgl. *LAG Frankfurt a.M.*, 11. 12. 1972, NJW 1973 S. 1719; *LAG Berlin*, 19. 12. 1975, BB 1976 S. 605 = DB 1976 S. 1114 und 22. 8. 1977, BB 1977 S. 1762; *Schmatz/Fischwasser* I, § 6 LohnFG Anm. I S. C 602; a.A. *Trieschmann*, Anm. zu AP Nr. 4 zu § 6 LohnFG.
[43] *Trieschmann*, Anm. zu AP Nr. 4 zu § 6 LohnFG; *Neumann*, NJW 1978 S. 1843. Das *BAG*, 28. 7. 1976, AP Nr. 4 zu § 6 LohnFG = BB 1976 S. 1513, brauchte diese Frage nicht zu entscheiden, weil der Aufhebungsvertrag vor Beginn der Erkrankung abgeschlossen worden war. Für den Fall, daß der Arbeiter die Kündigung unbeanstandet hinnimmt, hat *BAG*, 28. 11. 1979, BB 1980 S. 629, Lohnfortzahlungsansprüche nach § 6 Abs. 1 Satz 1 LohnFG bejaht.

Sachwortverzeichnis
(Die Zahlen bedeuten die Seiten)

A

Akkordlohn 79
Akkordrichtsatz 79
Akkordschlußzahlung 69
Akkordüberverdienst 79
Alkoholmißbrauch 37
Alterssicherung, tarifliche 109
Amateurboxen 34
Angestellte
– Abgrenzung zu Arbeitern 19
Anspruchskonkurrenz 49
Anscheinsbeweis 39, 42, 64, 100, 110, 112
Ansteckungsverdächtige 27
Antrittsgebühr 71
Anwesenheitsprämie 70
Anzeigepflicht 17, 82f.
Arbeiter 17, 19f.; 53, 61
Arbeiterkrankheitsgesetz 70, 77
Arbeitsausfall 26
Arbeitsentgelt
– Begriff 68f.
– Grundvergütung 69f.
Arbeitskampf 27, 57
Arbeitsunfall 32
Arbeitsunfähigkeit 17, 24
Arbeitsunfähigkeitsbescheinigung 85ff.
– Beweiswert 87f.
– rückdatierte 85, 88
Arbeitsunterbrechung 25
Attest 84, s. a. Arbeitsunfähigkeitsbescheinigung
Atypischer Geschehensablauf s. Anscheinsbeweis

Auslandsaufenthalt 86f.
Auslösung 69, 72; s. a. Fern-, Nahauslösung
Ausscheider 27
Auszubildende 22, 54

B

Barabgeltung 76; s. a. Naturalbezüge
Baugewerbe 25
Bazillenträger 23, 27
Bedienungsgelder 71
Behauptungslast s. Darlegungslast
Berufsgenossenschaftsbeitrag 48
Berufsausbildung 19
Berufskatalog 21
Beschäftigungsbeginn 51
Beschäftigungsverbot 25
Betriebsrisiko 27
Beweislast
– bei Verschulden 40ff.
– bei Fortsetzungskrankheit 64
– bei Kündigung wegen Krankheit 109ff., 112, 114
Beweiswürdigung 43

D

Darlegungslast
– bei Kündigung wegen Krankheit 109ff.
– bei Verschulden 40ff.
Deputate s. Naturalbezüge
Drittverschulden 44ff.
Drogenabhängigkeit 37f.

E

Eingliederung 51
Einmalige Zuwendungen 69
Erholungsurlaub 98 f.
Erholungszweck 100
Erkrankung
– als Verschulden 36
– häufige kurze –, Kündigungsgrund 108
– kurzfristige; Nachweispflicht 84 f.
– mehrfache 57 ff.
– naher Angehöriger 28 f.
Erlaßvertrag 95
Erschwerniszulagen 70
exceptio doli generalis 93
exceptio doli specialis 91

F

Fahrlässigkeit 30
– grobe 31
Familienangehöriger 28, 46
Familienstandszulage 69
Feiertage 80
Fehlstunden 78
Fernauslösung 72
Forderungsübergang 17, 45 ff.
– Umfang 48
Fortsetzungskrankheit 59 ff.
Fristberechnung 55 f.
Fünf-Tage-Woche 56
Fußballwettkämpfe 35

G

Gastarbeiter 98, 101
Gebrechen 66
Gefährdungshaftung 50
Gefahrenzulage 70
Genesungskur 66
Gesamtgläubigerschaft 49
Geschlechtskrankheiten 36
Grundleiden 58 f.
Gruppenakkord 80;
s. a. Akkordlohn

H

Haftungsausschluß 46
Handlungsgehilfe 16, 18, 21
Hauspersonal 77
Heilkur 65
Heilverfahren 61
– Entgeltfortzahlung 65 ff.
– Urlaub 102 f.
Heuer 21, 40
Heuschnupfen 58
Hungerkur 37

I

Inkassoprämie 70
Interessenabwägung 106

J

Jahresabschlußvergütung 69

K

Kapitän 21, 54
Karate 35
Kinderzulage 69
Korrekturoperation 24
Krankenhauspflege 19, 49
Krankengeld 102
Krankenlohn 17, 73 ff.
Krankheit
– abschreckende 109
– als Anlaß für Kündigung 113
– als Kündigungsgrund 106 ff.
– ansteckende 109
– Befund 86
– ekelerregende 109

– Fehlverhalten
 während – 111
– medizinischer Begriff 22
– Kur 61
– Entgeltfortzahlung 65 ff.
– Urlaub 102 f.
 s. a. Genesungs-, Heil-,
 Vorbeugungskur
Kurzarbeit 26, 80

L

Legalzession s. Forderungs-
 übergang
Leiharbeitnehmer 46
Leistungslohn 79 f.
Leistungsverweigerungs-
 recht 88 f.
Lohnausgleich-TV 26, 56
Lohnausfallprinzip 35, 67 f.
Lohnfortzahlungsgesetz 17,
 24, 63
Lohnzuschläge 70

M

Mehrarbeit 77; s. a. Überstun-
 den
Mehrarbeitsvergütung 70, 74
Mißglückter Arbeits-
 versuch 52 f.
Mitverschulden 47, 49

N

Nachbarschaftshilfe 35
Nachkur s. Schonungszeit
Nachtdienstzulage 70
Nahauslösung 72
Nachweispflicht 17, 83 ff.
Naturalbezüge 72, 75
Nebenbeschäftigung 35, 40

O

Obliegenheiten 30, 112

P

Pflegekrankengeld 28
Prämien 70; s. a. Inkasso-,
 Treue-, Umsatzprämien
Praktikanten 22
prima-facie-Beweis
 s. Anscheinsbeweis
Privatarbeiten 36
Produktive Winterbau-
 förderung 48
Provision 71, 75
Pünktlichkeitsprämie 70

Q

Quotenvorrecht 48 f.

R

Rechtsmißbrauch 40, 53,
 91 ff., 100
– beim Urlaubs-
 anspruch 104 f.
Referenzperiode 74
Reisekosten 69, 72

S

Sachbezugsverordnung 49, 76
Sachschäden 46
Schadenersatz
– bei Drittverschulden 45 f.
– bei Verletzung von Anzeige-
 und Nachweispflichten 90
Schiffsleute 54
Schiffsoffiziere 53
Schlägerei 36
Schlechtwettergeld 25
Schmerzensgeld 46

Schmutzzulagen 72f.
Schonungszeit 67
Schwangerschaft 23
Schwangerschaftsabbruch 17, 18, 24
Seeleute 21
Selbstmordversuch 38
Sicherheitsgurt 33
Sicherheitskleidung 32
Simulation 112
Sonderurlaub 98, 101
Sozialauswahl 108
Spesen 69
Sportunfälle 34f.
Sterilisation 17, 18, 24

T

Tarifvertrag 20, 81
Technische Angestellte 18, 21
– Abgrenzung von kaufmännischen 21
Treuepflicht 82f.
Treueprämie 70
Treu und Glauben 32, 39, 83, 91f.
– Begriffsinhalt 92
Trunkenheit 35
Trunksucht s. Alkoholmißbrauch

U

Überstunden 78 s. a. Mehrarbeit
Umsatzprämie 70
Unfallverhütungsvorschriften 32

Unabdingbarkeit 16, 17, 95f.
Unmöglichkeit 23
Unverschuldetes Unglück 27
Unzulässige Rechtsausübung s. Rechtsmißbrauch
Urlaubsanspruch 99

V

venire contra factum proprium s. Verwirkung
Vergleich 96
Verkehrsunfälle 32f.
Verhinderungsfall
– Einheit des – 59
Verwirkung 90, 94f.
Verschulden
– Begriff 29ff.
– gegen sich selbst 31
Verzicht 95ff.
Volontäre 22
Vorbeugungskur 65
Vorsatz 30
Vorstandsfahrer 77

W

Wartezeit 99
Wechselschichtbetrieb 77
Weisungsrecht 52
Wintergeld 48

Z

Zurechnungsfähigkeit 38

Schriften des Betriebs-Beraters

10 Der Anstellungsvertrag mit leitenden Angestellten (Dr. Grüll)
12 Krankheit im Arbeitsrecht (Dr. Hessel/Marienhagen)
13 Die Konkurrenzklausel (Dr. Grüll)
21 Der Prokurist (Dr. Hofmann)
27 Das Arbeitszeugnis (Dr. Schleßmann)
34 Die Geschäftsführung des Betriebsrates (Dr. Hässler)
36 Die Betriebs- und Abteilungsversammlung (Dr. Vogt)
38 Der Handelsvertreter-Vertrag (Dr. Eberstein)
39 Die Mitwirkung und Mitbestimmung des Betriebsrats in personellen Angelegenheiten (Dr. Meisel)
40 Die Zwischenfinanzierung von Bausparverträgen (Dr. Laux)
42 Die steuerliche Behandlung von Kulturgütern (Dr. von Schalburg/Dr. Kleeberg)
44 Das Betriebsverfassungsgesetz 1972 (Dr. Galperin)
47 Die Betriebsaufspaltung nach Handels- und Steuerrecht (Dr. Brandmüller)
48 Steuern im Konkurs (Dr. Frotscher)
49 Versorgungsausgleich bei Scheidung (Glockner/Dr. Böhmer)
50 Die zweckmäßige Ausgestaltung von Allgemeinen Geschäftsbedingungen im kaufmännischen Geschäftsverkehr (Dr. Eberstein)
51 Die steuerliche Außenprüfung (Dr. Frotscher)
52 Bauen oder Mieten – eine finanzielle Vergleichsbetrachtung (Dr. Laux)
54 Personaldatenrecht im Arbeitsverhältnis (Hümmerich/Gola)
55 Bewertung der GmbH-Anteile für die Vermögensteuer (Dr. Troll)
56 Kündigungsrecht im Arbeitsverhältnis (Dr. Grüll)
57 Die Rechtsstellung der Aufsichtsräte (Dr. Brandmüller)
58 Berufsbildungsrecht (Dr. Hess/Dr. Löns)
59 Die Schätzung der Besteuerungsgrundlagen (Reichel)
60 Informationsrechte der Betriebs- und Aufsichtsratsmitglieder (Dr. Dr. Säcker)

Verlagsgesellschaft Recht und Wirtschaft mbH
Postfach 10 59 60 · 6900 Heidelberg